△ 乐平南窑窑炉遗址

△ 浮梁兰田窑窑炉遗址

△ 浮梁凤凰山龙窑窑炉遗址

△ 浮梁绕南龙窑窑炉遗址

△ 昌江丽阳龙窑窑炉遗址

△ 珠山御窑厂葫芦窑遗址

出土器物

△ 乐平南窑遗址出土的青瓷

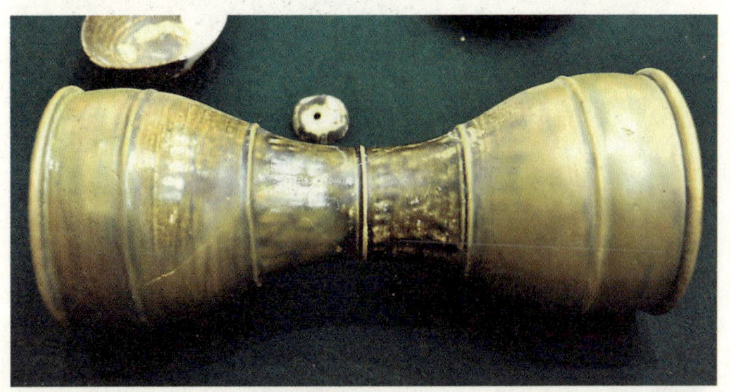

△ 乐平南窑遗址出土的乐器腰鼓

△ 浮梁兰田古窑址出土的青釉壶残器

△ 昌江洪家古窑址出土的青釉瓷片

△ 浮梁凤凰山古窑址出土的青白瓷壶

△ 珠山道塘里古窑址出土的青白瓷碗

△ 珠山落马桥遗址出土的元青花瓷器残片

△ 浮梁南市街古窑遗址出土的青白瓷

△ 珠山落马桥遗址出土的青白釉香炉(修复件)

△ 浮梁内窑村出土的"福禄寿"瓷片

△ 珠山铜锣山古窑址出土的瓷像、碾、壶

匣钵窑具

△ 乐平南窑出土的窑具

△ 珠山杨梅亭古窑出土的组合式覆烧匣钵

△ 珠山道塘里古窑(址)出土的火照、垫圈、窑柱

△ 浮梁柳家湾古窑(址)出土的匣钵等器物

△ 珠山道塘里古窑(址)出土的匣钵及青白瓷

△ 浮梁盈田古窑(址)出土的桶形匣钵

窑业堆积

△ 珠山杨梅亭的窑业堆积

△ 浮梁寺前的窑业堆积

△ 浮梁南市街的窑业堆积

△ 浮梁灵珠的窑业堆积

△ 浮梁进坑的窑业堆积

△ 珠山黄泥头的窑业堆积

矿坑碓棚

△ 浮梁白石塔釉果矿洞遗迹

△ 浮梁进坑瓷土淘洗坑遗迹

△ 浮梁绕南瓷土淘洗坑遗迹

△ 珠山三宝瓷土加工水碓棚

△ 浮梁塘下匣钵土矿坑遗址

△ 珠山三宝碓棚中晾干的瓷不

窑房坯坊

△ 珠山御窑东南角明作坊遗址

△ 珠山沟沿上窑的窑房外景

△ 珠山徐家窑及作坊建筑群

△ 景德镇古窑风景区镇窑窑房底层

景德镇文史资料第 24 辑

景德镇古窑址

JINGDEZHEN GUYAOZHI

景德镇市政协文史和学习委员会◎编

图书在版编目(CIP)数据

景德镇古窑址/景德镇市政协文史和学习委员会编.—南昌:江西高校出版社,2018.10(2022.3 重印)
ISBN 978-7-5493-7677-3

Ⅰ. ①景… Ⅱ. ①景… Ⅲ. ①官窑—瓷器(考古)—景德镇 Ⅳ. ①K876.3

中国版本图书馆 CIP 数据核字(2018)第 220444 号

出版发行	江西高校出版社
社　　址	江西省南昌市洪都北大道 96 号
总编室电话	(0791)88504319
销售电话	(0791)88522516
网　　址	www.juacp.com
印　　刷	天津画中画印刷有限公司
经　　销	全国新华书店
开　　本	700mm×1000mm　1/16
印　　张	12.5+1
字　　数	167 千字
版　　次	2018 年 10 月第 1 版 2022 年 3 月第 2 次印刷
书　　号	ISBN 978-7-5493-7677-3
定　　价	68.00 元

赣版权登字-07-2018-1096

《景德镇古窑址》编审委员会

景德镇古瓷窑简述

景德镇是一座瓷业都市。一千多年的陶瓷手工业支撑了这座城市的发展，创造了灿烂的陶瓷文化，也留下了自唐至清的1000多处陶瓷生产遗址遗存。其中，陶瓷窑炉遗址和窑业遗存器物最多，包含的陶瓷生产历史信息也最丰富。窑炉是陶瓷生产中必不可少又非常重要的关键设备，在瓷器制作的工序中，入窑烧造是最重要，也是最难掌控的工艺，在科技手段并不发达的古代尤其如此。可以说窑炉是瓷器的襁褓，是瓷业的灵魂，陶瓷产业发展史也是窑炉发展的历史。因此，一些国家仍称陶瓷工业为"窑业"。

景德镇陶瓷源于何时？源于何地？最能提供考古说明的莫过于窑炉遗址遗存。《浮梁县志》载："新平治陶，始于汉世。"《景德镇陶录》载："陈至德元年，诏镇以陶础贡建康。"这些都说明景德镇瓷业在东汉至唐初就已经开始，但未有考古实物支持。近年来，随着乐平南窑村和浮梁兰田村考古发掘出中唐、晚唐时期的龙窑，景德镇地区陶瓷烧造历史向前推进了200年。而乐平涌山古人类遗址考古发现的陶片与万年仙人洞发现的中国最早陶片的历史非常接近，这种原始陶器与涌山周边的古代窑业是否有承继关系？千年瓷都景德镇是否还是万年陶邑？还有待考古界的继续研究。

唐代，景德镇地区就大量烧造青釉瓷，在南窑村、兰田村周边就有规模庞大的窑业活动。五代时期，景德镇瓷业兴起，但未脱离与农耕结合的形式。经考古发掘,在湖田、杨梅亭、黄泥头、铜锣山、李家坳、白虎湾、南市街、丽阳、蛇山等21处发现了五代窑址。烧造的瓷器主要是青瓷,后期白瓷比例渐大。

宋代,景德镇瓷业进入一个快速发展的时期。昌南镇因产青白瓷,并因青白瓷名扬京城,而获皇帝年号"景德"为镇名。《陶记》载:景德陶昔三百余座。这个时期景德镇(古浮梁)域内瓷窑主要分布在六个区域:一是昌江东岸的昌南镇古窑群,包括吊脚楼窑、落马桥窑;二是昌江支流南河下游两侧的古窑群,包括湖田窑、杨梅亭窑、进坑窑和塘下窑等;三是南河中游附近的古窑群,包括兰田龙窑、湘湖窑、白虎湾窑、盈田窑等;四是浮梁寿安镇古窑群,包括南市街窑、柳家湾窑、灵珠窑、朱溪窑、西溪窑、丰旺窑、凉伞树下窑等;五是昌江支流东河上游的古窑群,包括瑶里窑、绕南窑、长明窑和南泊窑;六是丽阳古窑群,包括蛇山窑、瓷器山窑等。

宋末元初,三宝蓬等地能够直接用于制瓷的瓷石开采殆尽,景德镇瓷业出现原料危机,矿区附近的白虎湾、杨梅亭等窑纷纷停烧。浮梁东河流域发现高岭土,将其掺入瓷石中制瓷,可使瓷坯承受更高温度烧造而不变形,不但提高了瓷器的强度,而且可以制造体积更大、更复杂的器型,景德镇瓷业由此进入一个新时代。瑶里、绕南、三宝、杨梅亭、湘湖、白虎湾等处的窑场逐步停烧,下移到昌江东岸的景德镇老城区。湖田窑规模大又在南河边,离昌江近,坚持到明代隆庆、万历时期也停烧。瓷器生产的原料、燃料,全部用小船从昌江各支流顺流而下运至昌江东岸的景德镇,景德镇生产的瓷器用大船顺昌江而下,经鄱阳湖运往世界各地,是最经济、最科学的生产组织形式,以珠山为中心的景德镇瓷业烧造中心初步形成。

这一时期,随着中原人口南迁,中国北方陶瓷工匠把"馒头窑"烧造工艺带到南方,在景德镇得到推广应用。馒头窑占地面积小,依靠烟囱产生的负压,使窑内能够实现倒焰烧造,与之前的窑炉相比,温度能够达到

1200℃以上，且易于控制。于是，馒头窑取代龙窑成为景德镇烧造瓷器最主要的窑炉，在珠山周边和湖田民窑的考古发掘中，均发现大量馒头窑的遗址。

明初，北方各大名窑日趋衰落，唯龙泉青釉瓷仍大量烧造，但已无法和景德镇瓷媲美。“洪武二年，设厂于镇之珠山麓……宣德中……官窑遂增至五十八座，多散建厂外民间”。嘉靖年间，瓷器烧造兴旺，景德镇人口已“主客无虑十万余”。万历后期，“镇（景德镇）上佣工，皆聚四方无籍游徒，每日不下数万人”。景德镇由一个主要产瓷区上升为全国瓷业的中心。

这一时期，一种结合了馒头窑和龙窑优点的新型窑炉——葫芦窑在景德镇出现，她融合中国南北制瓷技术，兼备了龙窑和馒头窑的优点，通过窑炉的不同形制，可以满足不同种类瓷器对温度的不同要求，更适合不同品种瓷器的烧造，景德镇陶瓷烧造技艺有了长足进步。葫芦窑一直应用到清代初期，时间跨度三百多年，成功烧造出成熟的青花瓷，创烧了釉上彩、斗彩、五彩、素三彩和各种颜色釉瓷，是御器厂烧造的主要窑炉。瓷窑烧了一定的次数后就要重建，由于烧瓷耗柴量大，故有依山逐柴建窑的特点，自宋至明，在古浮梁、乐平的境内留下的古瓷窑址数以千计。

清代，御器厂更名为御窑厂，专为朝廷烧造瓷器。御窑厂集中了当时最优秀的工匠和最上等的原料、最先进的窑炉，创烧的彩瓷品种有青花三彩、粉彩、珐琅彩、各种颜色釉瓷等，烧造工艺都达到了历史最高水平。御窑厂的设立和“官搭民烧”制度，促进了景德镇瓷业的繁荣和发展。御窑厂外，“民窑二三百区，工匠人夫不下数十万”，在珠山周围形成了景德镇瓷业烧造、贸易聚集区，沿昌江东岸，形成“陶阳十三里”的盛景。

这一时期，一种容量更大、烧造效率更高的窑炉——镇窑诞生并逐步完善推广，镇窑内部空间巨大，可烧三百担瓷器，其烧造容量是葫芦窑的几十倍，且不同火位可以满足不同瓷器对火温的要求，通过火温控制，可以满足各色新品瓷器的烧造。镇窑集中在景德镇老城区，根据市政协文史资料统计和2003年文物普查，数量达到一百多座。镇窑与其两层的窑房建筑一起构成一个完整的窑作体系，奠定了景德镇瓷业发展的基础。

景德镇陶瓷窑炉发展史在陶瓷产业发展史中具有丰富的内涵和重要的地位，历朝历代制瓷业的发展都与窑炉的革新进步密不可分，瓷窑的形制结构随着烧造工艺的进步而不断发展、变化。唐宋多为龙窑，一般依山而建，具有容量大、对燃料要求低的特点。目前发现的最早的窑址中，乐平南窑为唐代中期的土拱龙窑，而浮梁南田窑为唐代中晚期的砖拱龙窑。宋代之后，龙窑呈变短趋势，为了提升窑尾的抽风能力，龙窑选择建造在更陡的山坡上。如进坑的仓坞窑虽然依山而建，可以看到排烟孔、窑壁，但非常短小。元代，为适应精细瓷器烧造，单窑规模变小、火候更易掌控的马蹄窑和葫芦窑逐渐得到推广。到明代，葫芦窑完全代替了龙窑。清代，景德镇在葫芦窑的基础上，发明了镇窑，具有容量大、温度控制准确的特点，为景德镇大规模的瓷器烧造奠定了基础。各个时期窑炉结构的演变、烧造地点的变迁、窑业遗存的特色，展示了景德镇瓷业不同时期的烧造水平、工艺发展的脉络，反映了景德镇瓷业发展进步的历史。

通过对古窑址及遗存物研究发现，不同时期、不同地域的瓷窑，其烧造工艺各具特色，并有明确的专业分工。唐末，景德镇地区主要采用支钉裸烧；五代时，白瓷比例增大，开始使用匣钵、垫饼装烧；宋元时期，瓷器全面使用匣钵装烧，并使用叠烧法，提高窑炉利用率。从出土的窑业遗存来看，寿安窑以匣钵装瓷坯烧造，采取一钵一坯的仰烧方式，瓷器底部不施釉，以瓷饼垫起，匣钵叠码装烧。寿安镇域内各窑均有专攻：寺前、大屋下一带的瓷窑专烧碗钵等大件瓷器；柳家湾瓷窑专烧杯盏等小件瓷器；湘湖凤凰山窑专门烧造各种执壶；竟成镇铜锣山、道塘里古瓷窑则专烧碗、盘碟、盏、壶等。瑶里内瑶村的窑业遗存瓷片为一钵多件的瓷坯叠放覆烧方式，碗内与另一碗底接触的地方不施釉，以免被釉粘连。烧造的瓷器内部多有一个无釉的圈，产品为民用粗瓷，或许是拥有徽州大道的交通便利，可大量供应民用市场。同一窑场在不同时期，装烧方式也不一样。如杨梅亭窑从青瓷的裸烧，到白瓷的匣钵装烧；从支钉支烧到垫饼、垫圈垫烧；从单件仰烧，到多件覆烧，反映了杨梅亭窑烧造技术的进步，也是景德镇窑业技术进步的一个缩影。

浮梁县兰田村万窑坞窑址发掘出土的器物还显示，公元 9—10 世纪景德镇生产的主要瓷器品种青绿釉、青灰釉、白釉等各类瓷器，在所有地层中均同时出现，表明这三类器物的生产不是简单的早晚相继的关系，而是同时生产的不同质量和特点的器物。同时，从这三类器物的胎釉特征、制作工艺、器物造型及装烧方法等观察，其分别受到了江西洪州窑、浙江越窑和北方地区白瓷生产技术的影响，也有少量长沙窑的工艺特征，印证了景德镇“工匠八方来”的历史。

自宋至明，景德镇创烧青白瓷，并吸纳其他名窑的烧造技术，成为“天下窑器之所聚”。昌江支流的东河、南河流域的窑业迁聚景德镇，推动景德镇成为全国瓷器生产、贸易的中心。而乐平的华家窑、浮梁的石溪古渡窑则与此相反，是景德镇瓷业外溢的产物。今乐平市华家、匣厂、张家桥等三处保留有青花瓷窑址，其烧造时间不长，或许是因景德镇窑场“扰攘”而建，也因“扰攘”平息而废。浮梁石溪渡古窑烧造时间也不长，主要在清代，是景德镇业瓷户都昌籍余氏迁居带去的产业，或许因原料优势不敌市场劣势，最终没有做大、做久。

岁月悠悠，沧海桑田。曾经“村村陶埏，处处窑火”的浮梁东南部乡村，已经没有大规模的瓷业生产，留在青山绿水间的只有原料开采遗迹和大量遍布山野的唐、宋、元时期窑炉遗址。一堆堆、一片片的瓷片与匣钵，一座座龙窑、马蹄窑的炉膛、火坑,仿佛都在无声诉说着作为“瓷之源”的荣耀与落寞,渐渐消失在岁月的草莽中。而位于景德镇老城区,以御窑、湖田窑、邑山窑为代表的明清时期窑炉遗址,则受到百般呵护,甚至被复建复烧,在游客观光和专家的解读中,再现“瓷都”昔日的辉煌。

清代景德镇戴家弄一带的20多座瓷窑

序

在英文中，“China”既有中国之意，也有瓷器之意，这个双音节词与景德镇古名“昌南”亦同音。中国与景德镇、瓷器之间这一独特关联，表明景德镇瓷器不仅是我国对外贸易的重要商品，也是传播东方文明的重要载体，更是外国人眼中的中华文化。作为中外驰名的千年瓷都，景德镇有着近2000年的悠久制瓷历史。从唐宋晶莹剔透的青白瓷，到厚重大气的元青花，再到错彩镂金的明清瓷，景德镇瓷器始终以其独特的东方神韵和绚丽多彩的艺术魅力，在中国乃至世界瓷业发展史上大放异彩。

景德镇作为一个偏居内陆的小镇，凭单一手工制瓷业支撑一千多年经济不衰败，这在人类经济史上都是个奇迹。而这其中，与其千年未断的窑火密切相关。清代学者陈浏在《匋雅》中曾形象地说“瓷器之成，窑火是赖”。瓷器好不好“三分靠制作，七分靠火烧”，这也充分说明了窑火对瓷器生产至关重要。景德镇唯一没有流传到国外去的东西，就是这些窑炉。可以说，窑炉是景德镇最宝贵的财富之一。

窑的发展伴随着整个陶瓷史演变过程而逐渐走向成熟，制瓷工艺也随着窑炉形制的变化而不断进步。正因如此，景德镇的窑炉形式也从唐宋时期的龙窑，演变到元代的马蹄窑，再到明代的葫芦窑，以至清代的镇窑，一步步地走向成熟并支撑着景德镇一千年的官窑史、六百年的御窑史。

时至今日，这座城市仍遍布着古窑、古作坊遗迹，其分布之广、数量之多、规模之大、跨度之长，在世界范围内都属罕见。为此，本书参照近几十年考古工作者对景德镇古窑遗址的发掘研究及作者的实地调查，从景德镇历代瓷窑的形制变迁、窑场的专业分工、窑场的起源迁聚等视角，较详细地介绍了部分景德镇古窑遗址的历史与保护现状，以及历代景德镇窑址及其当时的瓷业水平、工艺特点、文化特色。可以说，她不仅为广大读者了解景德镇陶瓷业的起源和发展历程打开了一扇窗口，也丰富了景德镇陶瓷文化的历史内涵，为讲好景德镇故事、传播中国好声音提供了一个平台，更彰显了我们对景德镇历史的敬畏、对文化的尊崇和对未来的担当。

在此，我衷心地感谢李景春、洪东亮等几位本土文化研究者和文史委同志们的辛勤付出，为纪念改革开放40周年献上一份厚礼，也为广大读者呈上了一份难得的精神食粮。这是编者的用心，也是文化研究者的厚爱。值此付梓之际，谨此为序。

黄康明

2018年6月26日

目录

CONTENTS

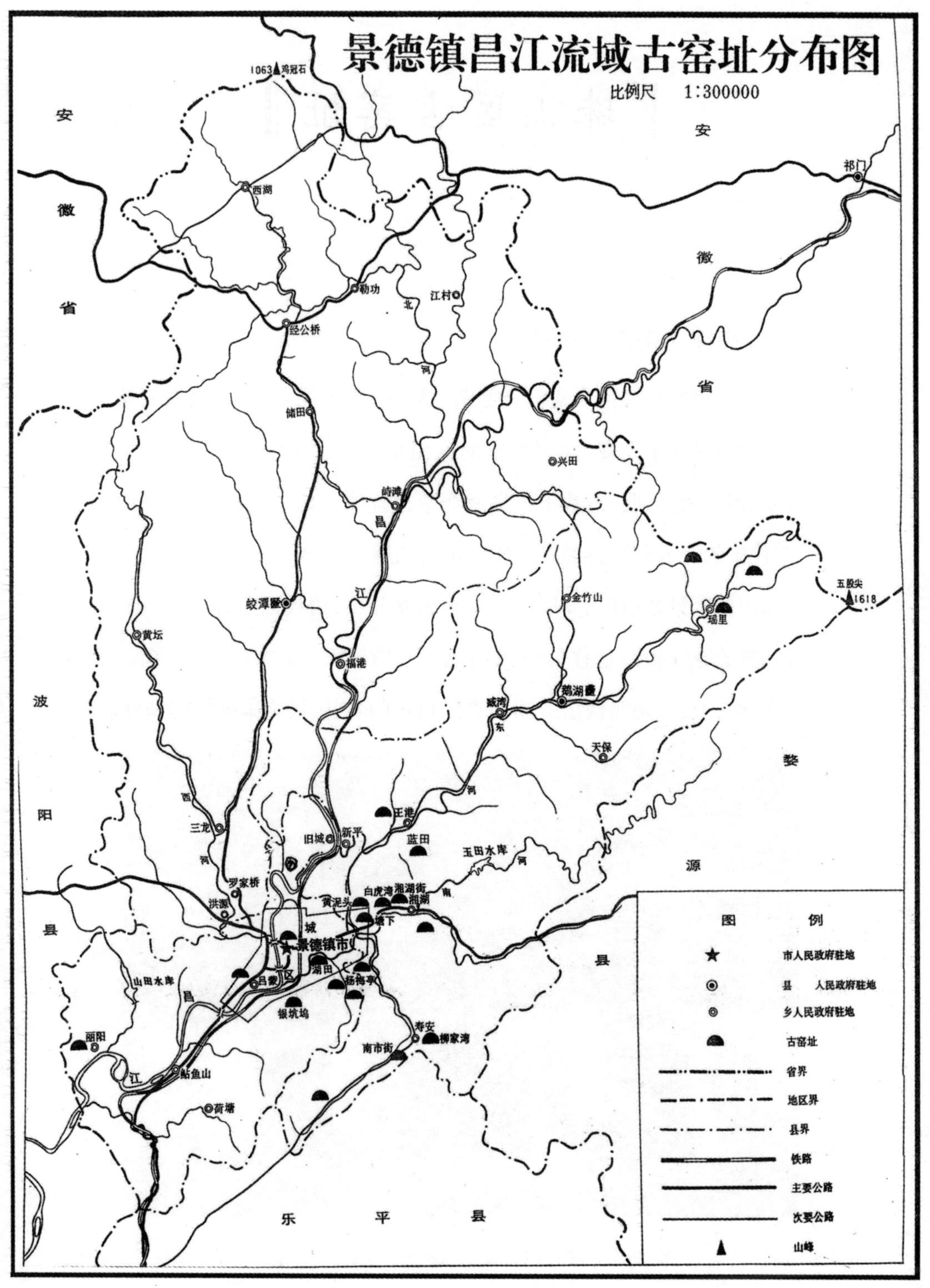

景德镇昌江流域古窑址分布图
比例尺 1:300000
图例
市人民政府驻地
县 人民政府驻地
乡人民政府驻地
古窑址
省界
地区界
县界
铁路
主要公路
次要公路
山峰

珠山区古窑址

一、景德镇御窑厂遗址

景德镇御窑厂坐落在瓷都景德镇老城区，重檐翘角、雄浑凝重的御窑厂大门前便是车水马龙、热闹繁华的珠山中路。这座传奇般的窑厂延烧了近六百年，为元、明、清数十位皇帝烧造过瓷器。如今，她静卧在珠山脚下，向往来的行人默默诉说着这座城市的荣耀与沧桑。

珠山位于景德镇市老城区中心，秦名立马山，唐代以后称珠山。五代诗人和凝的咏珠山诗这样写道："山色川光南国天，珠峰千仞绿江前。萧萧伫立秋云上，多是龙携出玉渊。"珠山自古闻名，已成为景德镇的别称。

图1－1　景德镇御窑厂大门

御窑，明代称御器厂，是明清两朝的皇家瓷厂。景德镇早在宋代初期即设置窑丞，掌管瓷税。元代至正十五年(1278)，朝廷在景德镇设置浮梁瓷局，专为元皇室督造御用瓷器。景德镇成功地烧造出枢府瓷、青花瓷和釉里红瓷器，为明、清两代御窑厂工艺的创新奠定了基础。

明代洪武二年(1369)，朱元璋延续元代官窑制度，在景德镇设立御器厂，至万历三十六年(1608)停烧。两百多年间，御器厂烧造了无数精美的御器，如永乐青花和甜白釉、宣德青花和铜红釉、成化的斗彩、万历的五彩，都是一代珍品。

清代顺治时期延续明代官窑制度在景德镇设立御窑厂，至清廷覆亡而停烧，康、雍、乾三代，官窑瓷器臻于鼎盛，达到历史最高水平。清宣统三年(1911)御窑厂结束烧造，历经明清两朝27位皇帝，为宫廷烧造御瓷长达542年。

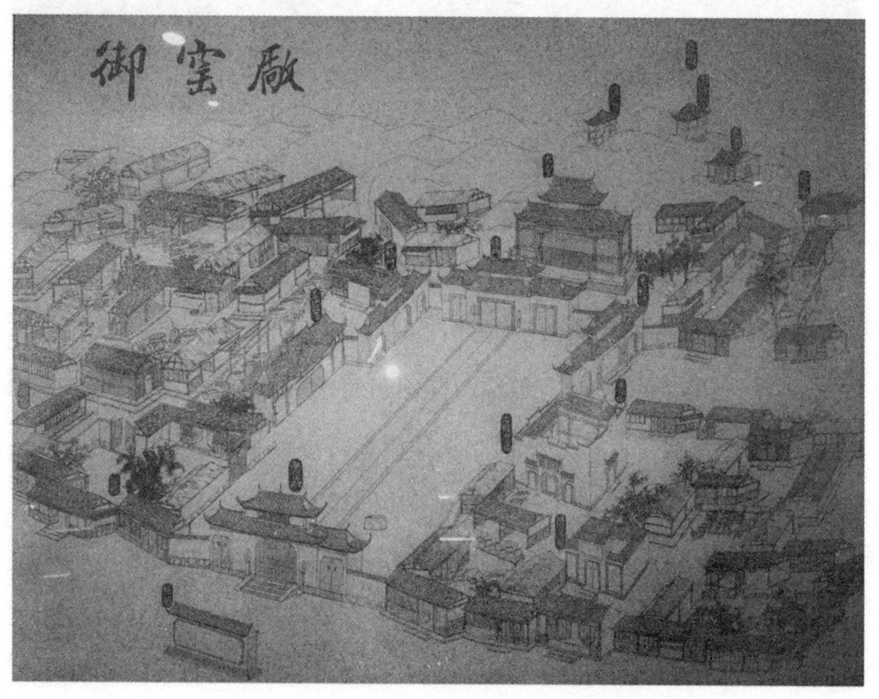

图1-2　御窑厂图(陈列于龙珠阁的瓷板画)

御窑厂是明、清两代专造宫廷用瓷的皇家窑厂，是中国烧造时间最长、规模最大、工艺最为精湛的官办瓷厂。御器厂初期有窑20座，宣德年间增至58座，“官匠”、陶工常年维持在三百多名。御器厂由州县官员管理，每逢大量烧造时，朝廷便派宦官来“督陶”。清初，一改明代派征夫役的劳役制度，采用银两雇工的方式，提高了陶工的积极性，刺激了工艺技术的开发。

图1-3　御窑厂明作坊遗址

现存御窑厂遗址以珠山上的龙珠阁为中心，东至中华北路道路东侧线及迎祥弄、湖口弄一线，南至珠山中路道路南侧线，西至中山北路道路西侧线，北至斗富弄道路北侧线。景德镇御窑厂遗址保护区总占地面积约131000平方米（其中重点保护范围面积51300多平方米），划定建设控制面积约728000平方米。经历多次考古发掘，御窑厂已发现明初葫芦形窑炉遗迹7座、馒头形窑炉14座，明永乐和宣德早期官窑落选贡品的掩埋瓷器小坑（窝）30个，以及成化、弘治时期瓷片5处，明代初年御窑的北围墙、晚清江西瓷业公司发行所建筑遗迹1处，埋藏落选御用瓷器的小堆积坑等遗迹。御窑厂出土瓷器碎片"十数吨、上亿片"，整理、复原出官窑瓷器2000余件。其中有许多重要的发现，为明清御窑的研究提供了新资料、新信息，对研究景德镇御窑厂的发展、变迁、烧成技术及其渊源、瓷器的制作工艺，复原御窑的生产面貌，探讨御窑的管理制度等具有重要的学术价值。

景德镇官窑集中了从元代至清代优秀的工匠和最好的原料，烧造出当时世界上水平最高的瓷器。据文献记载，每100件成瓷仅有4件能入宫使用，而绝大多数瓷器次品、试制品和贡余品，都必须被集中砸碎后埋藏在官窑范围之内，禁止流入民间。明宣德二年(1427)，礼部司太监张善就任督陶使，他在任职期间私赠落选御瓷，被枭首在御器厂前。可见，御瓷生产与管理之严格。

正是御窑厂近乎残酷的生产管理方式，保证了御器的高贵品质和稀有性。在国际国内陶瓷拍卖市场，每每有景德镇官窑瓷器出现，必定价格不菲。2005年，在英国伦敦佳士得拍卖会上，元青花鬼谷子下山图纹罐以折合人民币2.283亿元成交，创出了当时陶瓷拍品的成交天价。2014年香港苏富比春季拍卖会，一件成化斗彩鸡缸杯以2.8亿港元成交价拍出，刷新了中国瓷器世界拍卖纪录。其他如元青花锦香亭图纹罐、清乾隆御制珐琅彩杏林春燕图碗和古月轩题诗石锦鸡图双耳瓶均拍出了超亿元人民币的成交价。

多年来，江西省文物考古部门在景德镇御窑厂遗址进行了多次抢救性发掘，清理出埋藏落选的贡品、遗址等大量官窑标本，修复了数以千计的官窑珍品，有一批被誉为"绝世孤品"的瓷器和文物遗存面世。御窑考古发掘的成果曾被评为2003年度"中国十大考古新发现"。中央电视台曾经对御窑考古发掘进行过直播。

景德镇官窑(御窑)设置以来，为人类创造了无数珍宝，其间也出现了不少杰出的督陶官,尤其是清康熙、雍正、乾隆三朝的督陶官臧应选、郎廷极、年希尧、唐英等人对景德镇陶瓷发展做出了巨大的贡献。

臧应选于康熙年间在景德镇御窑厂督陶,史称臧窑。臧窑瓷以蛇皮绿、鳝鱼黄、古翠、黄斑点四种色釉为最佳,并多有仿明宣德、成化青化五彩器精品传世。郎廷极于康熙晚期在景德镇督陶,其窑称郎窑,最著名的瓷器品种是"郎窑红",法国人称之为"牛血红"。年希尧于雍正年间督陶,年窑瓷器选料考究,制作极其精雅,其仿宣德、成化窑器,工艺高超,往往不易辨认,色釉瓷丰富多彩,尤以粉彩娇艳夺目。

唐英(1682—1756),字俊公,号蜗寄,关东沈阳汉军正白旗人。雍正六年至十三年(1728—1735)唐英以内务府员外郎身份到景德镇驻厂协理陶务;乾隆元年至二十一年(1736—1756)除短暂调任,大部分时间为御窑厂督陶官,是景德镇御窑厂督陶时间最长,功绩最为卓著的督陶官。

图1-4 督陶官唐英铜像

唐英初到景德镇督陶,与工匠同食同住三年之久,专心致志钻研制瓷技术,不仅对原料精选、釉料配方、烧窑火候能很好掌握,而且在创新品种、仿造古瓷方面胸有成竹。他集合了各方面的精华,做到历代名窑无所不仿,无所不精。世人把唐英督陶时的官窑称为唐窑。现在,唐窑珍品在世界上许多博物馆都有收藏。

唐英的贡献是多方面的,除精研陶艺,他最大的贡献是在陶瓷理论方面。他传世的著作有《陶人心语》《陶务叙略》《陶冶图说》《陶成纪事》和《瓷务事宜示谕稿》等。尤其是《陶冶图说》,对造瓷程序进行了排列,共有20幅图,逐项编写说明,图文并茂,是对御窑厂也是对景德镇瓷业生产的科学总结和记载,是一部不朽的陶瓷文化的历史文献,不仅对中国而且对世界陶瓷的发展都产生了极为深远的影响。

在御器厂,还有一位窑工童宾是一个被神话的人物。童宾(1567—1599),字定新,明代景德镇里村童街人,被当地人称为窑神、风火仙师。童宾幼年读书,秉性刚直,因父母早丧,投师学艺,在御器厂做工。明万历二十七年(1599),太监潘相任江西矿使兼理景德镇窑务,督造大器青花龙

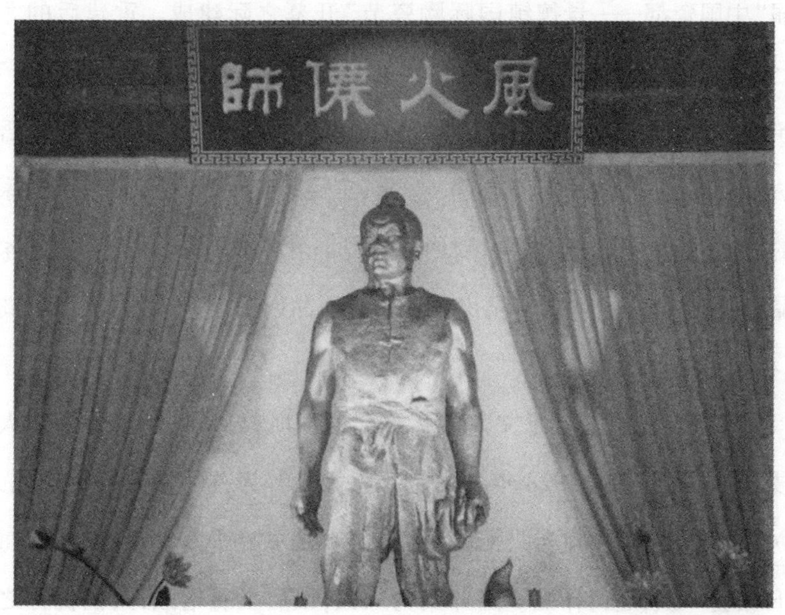

图1-5 风火仙师童宾塑像

缸,久不成功。潘相便对窑户进行“例外苛索”,派役于民并对瓷工进行鞭打乃至捕杀。瓷工衣食不得温饱,处境十分艰难。童宾目睹瓷工的苦状,非常愤慨,竟以自己身体为炼瓷的窑柴,纵身窑火内以示抗议。及至次日开窑,窑工们发现龙缸居然烧造成功了。童宾跳窑自焚之后,激起了全镇瓷工的义愤,并引发民变,焚烧厂房。在工人们的强烈要求下,官府在御窑厂内为童宾修祠祭祀,祠名“佑陶灵祠”,尊童宾为“风火仙师”。清代,朝廷封童宾为广利窑神,并建庙塑像。风火仙庙在明、清两代一再修葺,终年香火不断,遇年逢节,更是热闹非常。清代督陶官年希尧、唐英均为其作记。

御窑遗址所在的珠山之巅,有一座亭阁称龙珠阁。在珠山上建亭阁始于唐代,称聚珠亭。宋代改称中立亭。明代天顺年间改建,称朝天阁。万历年间重建,称环翠亭。清代改称文昌阁。1925 年重建后称龙珠阁,阁名沿用至今。原阁于“文革”期间被毁,新阁于 1987 年动工重建,1990 年首届“中国瓷都——景德镇国际陶瓷节”开幕之际建成。重建后的龙珠阁,气势恢宏,巍峨壮观,是一座仿明重檐宫廷式建筑,共6层,高34.5米,建筑面积1650平方米。龙珠阁大门匾额上“龙珠阁”三字为江西籍著名书法家舒同题写。阁内有李先念、彭真、王震等老一辈无产阶级革命家题写的“中国瓷都景德镇”横匾;殿内置有瓷都著名书画家、陶瓷考古学家的作品和著作;陈列着明代官窑出土瓷器复原品以及名人名作,可谓名阁名瓷,相映生辉。

龙珠阁自古以来就是文人墨客雅聚的场所,更是景德镇陶瓷艺人交流技艺的最佳去处。1928 年,以王琦、王大凡等为首的景德镇陶瓷艺人,成立了艺术团体“月圆会”,采取以画交友的方式在龙珠阁活动,约定每月 15 日集会一次,题诗作画。因开始为八人,以后虽有增减,人们仍称之为“珠山八友”。王琦(1886—1933),字碧珍,别号“陶迷道人”,为“珠山八

图 1－6 龙珠阁

友”发起人，是景德镇瓷像艺术的开拓者和写意人物画家。王琦擅长画人物，初画写意人物，后来以画瓷板人像（肖像画）闻名。1910 年，浮梁县知事陈安曾题“神乎其技”四字匾额赠予王琦。此外，王琦还善诗、词、曲，书法亦佳，是当时景德镇陶瓷艺术家中的领军人物，可惜英年早逝，年仅 47 岁。

“珠山八友”成员各有擅长，又相互交流，推陈出新，不断在陶瓷装饰中开辟新的领域，特别在陶瓷粉彩艺术领域颇有建树，如王大凡的“落地粉彩”、刘雨岑的“水点桃花”等，都是在当时总结、创造出来的陶瓷彩绘新技法。

景德镇御窑厂历经了数百年的风霜雨雪，见证了元、明、清三朝的荣辱兴衰，创烧了无数人间珍宝。其旧址如今已被列为第二批国家考古遗址公园，吸引了无数来自世界各地的游客。

二、邑山古瓷窑遗址

邑山窑窑房原址临风景路，位于御窑厂东侧，为大型双子窑格局，两窑相邻。邑山窑窑室内长约 17 米，内径最宽处 4.25 米，可容纳 300 多担坯，尾部烟囱为 15 米左右，冲出屋顶。窑体为清代典型的镇窑结构，容量大，窑房两层，上层堆放窑柴并供窑工歇息，下层码放匣钵和入窑瓷坯、出窑瓷器。窑场周边有多个成规模的作坊生产瓷坯，保障邑山窑的正常生产。邑山窑烧造的瓷器质量好，产量大，且邻近御窑厂，是清代御窑“官搭民烧”的合作民窑。

2007 年，双子窑中西面的邑山柴窑及窑房拆除，窑址上建成一栋 7 层的住宅楼。北面的邑山窑早在民国初年就改名徐家窑，也一直是市建国瓷厂的骨干瓷窑。随着煤窑烧造技术的成熟，烧煤隧道窑取代了柴窑，1978 年徐家窑停烧，后拆除。2016 年，徐家柴窑及窑房、坯房等建筑群按原样复建，基本恢复了历史原貌。

图 1－7　2016 年原样复建的徐家窑

邑山窑创立于清末，由秦先栋创办，距今160多年。秦先栋号邑山，生于清代道光二十八年(1848)，祖籍都昌县北山乡石头巷村。石头巷村尚保存有《秦氏宗谱》《邑山公传略》以及碑铭等文史资料。

《秦氏宗谱》载："邑山为道光年贡生，曾任国史馆誊录官，性聪颖甚诚朴，稍学能文，书法整秀。拟任浙江盐太使，因故未到任。中年就陶业于昌江……一手创造窑屋、家屋，坯房栉比连云……历充景德陶庆会总经理十有余年。"邑山公为人公正耿直、生活简朴、助学济困。他总理窑务三十年，任景德镇陶庆会会长达十年，陶工瓷匠成百上千，民国时期达到鼎盛，至中华人民共和国成立前，从业工匠还有400多人。邑山窑兴盛期大量生产外贸出口瓷，瓷器底款有"CHINA""Made in China""泰运昌新"等样式，所制青花、粉彩、色釉瓷、雕塑器物精美，日用瓷、陈设瓷等品类丰富，有典型的西洋定制风格。

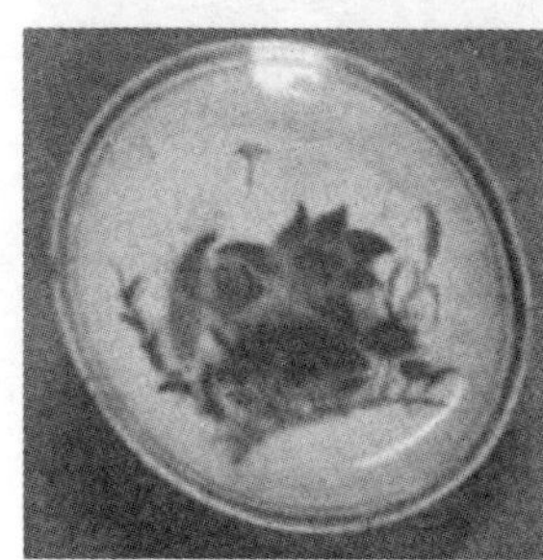
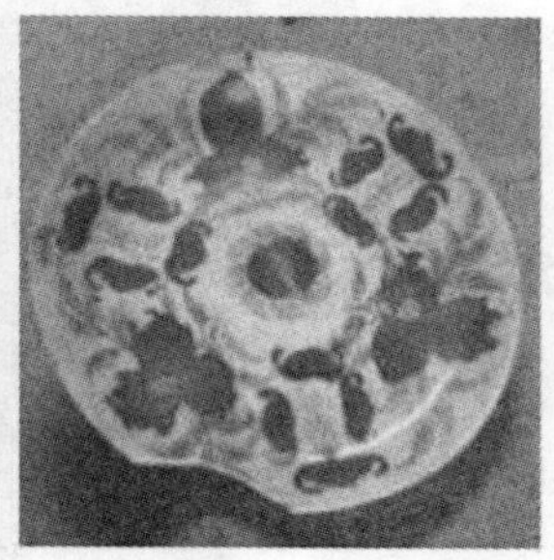

图1-8 清代邑山窑烧造的古彩瓷盘

邑山祖父名祖源，号甘泉，生于清代乾隆五十三年(1788)，例贡生，是"刚方有德人也，家少窘，权子母于昌江，由是日以裕……开居建室、捐资筑途、体恤姻娅、督诲后人"，深受族人敬仰。

邑山生6子：德燨、德焼、德耀、德集、德拱、德煊。邑山三子德耀之曾孙秦臻是窑炉建筑专家，曾任景德镇市建国瓷厂技术设备科副科长，后自己创办胜达瓷厂，生产高温颜色釉瓷。德耀曾孙女秦燕(老三)打破家族窑炉把桩技术传儿不传女的传统，也学会了把桩技术，创办"蕴玉瓷坊"，自己亲自掌管烧窑，是景德镇第一个女子把桩师傅。德耀之曾孙女秦胜照（老大），1957 年 2 月生，自幼在迎祥弄 17 号邑山老宅长大，从事陶瓷艺术，擅长青花梅、兰、竹、菊及荷花的创作，是广东省工艺美术大师，受聘于华南师大附中陶艺中心，为驻校大师，创办工作室“点石轩”。

据秦胜照讲述：大约 7 岁的时候，她在楼上瓷器陈列室躲猫猫，结果撞翻了一块板上摆放的瓷器，平日慈祥的父亲大怒，将她暴打一顿后关房里两天不让吃饭。平时经常在窑下玩耍，碰破瓷器也是常有的事，没承想这次父亲这么凶，从此对楼上的瓷器有了神秘感和敬畏心。后听奶奶说，打碎的是皇家御赐的瓷器，是帮御窑厂烧瓷器赏的。“文革”期间“破四旧”，爷爷将楼上的瓷器装了一大筐，在门口打碎。奶奶说，都是邑山窑烧的出口瓷样品。

图 1－9　大师王锡良（右）与邑山后人秦庆华

据史料记载，清代雍正七年起，御窑厂的落选御瓷不再就地砸毁掩埋，而是一并送京交内务府，除黄器，均可变价出售或用于赏赐。乾隆七年以后，落选御瓷改在当地变价出售。秦胜照家有皇家瓷器，印证了邑山窑烧过御窑厂瓷器的历史。

邑山四子德集之孙女秦玉蓉嫁秦林生。秦林生弘扬邑山家族瓷业传统，潜心经营瓷业生产与管理，1979—1992 年任省陶瓷工业公司副总经理，为景德镇瓷业技术进步和产业发展做出了贡献。进入21世纪,其子秦庆华创办艺峰特陶工贸有限公司,是景德镇非物质文化遗产传承人。

清宣统二年(1910)成立的江西瓷业公司,为官商合办,邑山窑和徐家窑都是公司的骨干柴窑。1949年8月,中共浮梁地委决定,将江西瓷业公司作为官僚资产予以没收,筹建国营瓷厂,厂办设其门市部,逐步恢复陶瓷生产,聚集瓷业人才、传承技艺。1950年4月1日,江西景德镇市建国瓷业公司在此基础上成立。1951年,市建国瓷业公司接收政府没收的九窑公会会长邵裕如窑厂1幢、坯房3幢;旧浮梁参议员向德的槎窑1座,坯房8幢;旧商会会长赖淮清的窑厂2座和全部坯房。

图1-10　上海新中化学厂定制、市建国瓷业公司生产的瓷缸

1952年10月27日,景德镇市建国瓷业公司更名为景德镇市建国瓷厂,当时有职工882人,既是全市首家国有企业,又是全市实力最强、规模最大的瓷厂。主要产品有高低温色釉瓷、青花和影青瓷,以及高档仿古瓷。尤以“三阳开泰”产品深受人们喜爱,许多精品瓷器成为国家礼品。邑山窑成为建国瓷厂的核心资产,是开基立业之窑,为景德镇恢复瓷业生产立有础石之功。邑山家族还献出祖传制瓷配方,参与中德(西德)技术

合作以及建国瓷、出口瓷的制作。

邑山窑的南侧就是窑主邑山家族的生活起居和商业经营用房，西面紧邻在建的景德镇国家御窑遗址博物馆，南面是欠班窑（欠了一个班的建窑工钱而得名）。四大间建筑群规模宏大（图1－11），分别是陶庆会（商务、管理用房）、书房灶房、厅房卧室、秀楼，建筑均为徽派风格，内设双天井，四水归堂，聚财内敛，面积总计达700多平方米。后面为坯房和长工住房。20世纪50年代，在资本主义工商业社会主义改造时，大部分房屋交市政府分给其他人居住。2016年，这些房屋由政府征收管理，但厅房一直由邑山家族后人居住。2017年，秦庆华出资修缮祖居的邑山祖宅的厅房，陈列有关文史文献、家传器物，延续邑山家族陶瓷文脉。

图1－11　徽派风格的邑山家族祖宅

邑山家族早在清初就在昌江边的景德镇从事窑业。乾隆年间，甘泉公继续在景德镇经营瓷业，到邑山辈发扬光大，并自立门户，正式将家族窑业取名邑山窑。邑山家族瓷脉历经三朝、五世，百年窑火不熄，技艺传承不断，书写了一段传奇。20世纪70年代，随着以煤代柴技术的成熟和烧柴成本的制约，柴窑逐步被煤窑取代。1995年，景德镇最后一座柴窑——市建国瓷厂邑山窑停烧，景德镇一千多年的烧柴瓷窑，就此退出瓷业常规生产的历史。

邑山窑的历史不仅是邑山家族的发展史，也是景德镇御窑瓷器生产“官搭民烧”，从封闭走向开放合作的历史，反映了景德镇现代国营陶瓷企业的历史渊源与发展脉络。

图 1－12　邑山的后人秦庆华和秦胜照

三、湖田古瓷窑遗址

景德镇市东郊，南河与三宝小南河交汇处的西南面，有些不起眼的小山包。其中埋藏着一座座五代、宋、元时期的古窑址，是景德镇延烧时间最长、规模最大的民间窑场。其文化内涵极为丰富，是我国第一个被公布为国家级文物保护单位的古瓷窑址，这就是湖田窑。

湖田村南的三宝蓬地区是景德镇制瓷原料产地，开采出来的瓷石矿经由沿河两岸众多的水碓粉碎，淘洗沉淀后就可以用于制造瓷器。村西的马鞍山，盛产耐高温的黏土；南河上游的浮梁县湘湖镇和寿安镇，山高林密，能够提供充足的烧瓷用窑柴，并通过南河水运至窑场。良好的地理环境,为湖田窑长时间、大规模的瓷业生产提供了保障。

图 1－13　湖田窑作坊遗址

景德镇湖田古窑址群坐落在南山与南河之间的一片台地上。它北起南河南岸,东至张家地东侧断崖,东南至豪猪岭南侧山脚,西南至竹坞里南侧山脚,西至北望石坞西侧山脚,东西长约 700 米,南北长约 800 米,现存遗存 16 处。五代、宋、元时期窑址,多分布在天门沟以南的豪猪岭、刘家坞、望石坞、龙头山和南河北岸。天门沟以北的窑岭上、乌泥岭、琵琶山、木鱼岭、何家墩等地,则以元、明时代的窑址为多。

湖田古窑创烧于五代,终烧于明代隆庆、万历时期,延续 600 余年。湖田窑在宋代成为影青瓷的主要产地,产品乃景德镇诸窑之冠。元朝,湖田窑持续发展,工艺尤为高超,是著名的枢府器、青花瓷和釉里红的烧造中心,其生产的宋代影青瓷和元代青花瓷,烧造技术成熟,代表着当时瓷器生产的最高水平,产品远销日本以及东南亚、中亚的许多国家。湖田窑堆积丰富,年代延续不断,出土文物众多,不同年代的窑炉遗址保存较好,是反映景德镇烧瓷历史进程由初级到高级的典型窑址群。

五代时,湖田窑生产灰胎青瓷与白胎白瓷,因采用支钉叠烧的方法,器物内底及足底上往往留有椭圆形的支钉痕。湖田窑所烧的瓷器以白瓷最精,胎骨坚硬,釉质纯净,洁白度可达70%,有“假玉器”之称。不过,五代时的陶瓷遗物较为稀少,范围也窄,仅见于刘家坞、龙头山、竹坞里和月光山几处,器型主要有碗、盘、壶等,比较简单。碗、盘均唇口或花口,足径大;壶则长颈喇叭口、腹瘦长为瓜棱状。色多为青灰或米黄,品种少,器型敦实厚重,造型简朴。《景德镇陶录》卷五载,“陶窑,初唐器也。土惟白壤,体稍薄,色素润,镇钟秀里人陶氏所烧。《邑志》云:‘唐武德中,镇民陶玉者,载瓷入关中,称为假玉器,且贡于朝。于是昌南镇瓷名天下。’”蒋祈《陶记》云:“浙东西之器尚黄黑,则出于昌水南之湖田窑者也。”今窑址已成废墟,湖田村落尚在,其窑器犹有见者。这些文字记载与实物遗存,证明了湖田窑为代表的景德镇瓷器在五代时,已名扬全国。

宋代,湖田窑的工匠们创烧了独特的釉色(青白釉),并吸收北方定窑的印花和覆烧技术,形成薄如纸,声如磬,色如玉的独特风格。此时的瓷器,胎质轻薄细腻,致密洁白;釉质透明度高,光泽度强,温润如玉,刷釉加厚,使釉色莹润青翠,白中透青,青中泛白,近似玻璃透明状,积釉处呈湖水绿色。以上特点极大满足了文人士大夫及上流社会的审美需要。当时主要品种多为碗、碟、罐、盘、壶、瓶、炉、茶托、香熏、注碗、盒子、瓷雕及芒口器等。装饰题材丰富,手法以刻、印花为主,纹饰有牡丹、卷草、莲荷、潮水、婴戏、飞凤、莲池游鱼等。到了宋中晚期,构图趋向繁缛,层次较多,并出现人物故事题材。器物造型丰富多彩,除日用器碗、盘、碟,还有托盏、注碗、瓶、炉、熏等,特别是瓷枕,造型丰富,形态各异,如虎形枕、龙形枕、荷叶枕、仕女枕、建筑枕、婴孩枕等。

元代,湖田窑的主要产品有青釉、影青瓷、黑釉、卵白釉和青花瓷。刻花痕深纹简,印花多为莲荷、菊花、梅花、狮子滚绣球等纹样。元代后期,朝廷在景德镇设立"浮梁瓷局"专管皇家烧造瓷器。"浮梁瓷局"的设立促进了景德镇瓷业的兴盛和发展,由于湖田窑也是"浮梁瓷局"的定点窑场,制瓷技术也发生变革。首先是创烧卵白釉瓷,卵白釉瓷是专为元朝廷枢密院定烧的瓷器,所以瓷器内壁上常印有"枢府"字样,又称"枢府"瓷。卵白釉瓷胎质灰白,颗粒大,釉色乳浊失透,色白微青,具有凝脂般的质感,纹饰常见于器物内壁模印云龙纹、菊花纹、开光八宝纹等,还有鎏金装饰。器型主要有折腰碗、小圈足盘、高足杯等。元代中后期,我国引进了一种"苏麻离青"青花料,开始在景德镇烧造青花瓷器。考古资料显示,湖田窑最迟在元代中期就开始了青花瓷的烧造。由于采用进口青花料绘制,青花发色浓艳,胎体厚重,器型硕大,尤以底厚胎重的大盘为多。器型主要有梅瓶、玉壶春瓶、罐、碗、盘、匜、炉和高足杯等。纹饰层次繁密,装饰繁缛华丽。

明代洪武二年,朝廷在景德镇珠山设立御器厂,景德镇制瓷中心逐渐转到珠山周边,但湖田窑仍在生产,主要有青花瓷和青白瓷,产品以碗、盘、高足杯等日用瓷居多。青花装饰题材以云气、楼阁、荷花、兰竹、湖石为主,风格粗犷、奔放。除一些青花碗、盘等粗器采用叠烧,90%的产品均为单件仰烧。早期青花在使用苏麻离青釉料、器物造型以及器底多不施釉等特点上,与元代风格相似。出土物中有"正德""隆庆"纪年款铭的浅淡土青料青花器,是湖田窑终烧期的遗物。明代遗存以湖田村北最为突出,这里有大量的青花小碗,碗心多书"福""善"等字。明代晚期,由于战祸连年不断,湖田窑的烧造接近尾声,逐渐趋于消亡。

湖田窑烧造珍品无数,传世较多,青瓷和白瓷都曾风靡一时,畅销海内外。据孟元老《东京梦华录》(1127)记载,当时北宋汴梁与南宋临安都有专门出售湖田窑瓷器的店铺,专供京都人们日常生活中饮食、饮茶及饮酒之用。20 世纪 40 年代初，英国学者将湖田窑介绍到欧洲，并产生较大影响，因此成为世界著名的古瓷窑址。1953 年，陈万里等对湖田窑址进行调查。随后，江西省文物管理委员会、景德镇陶瓷历史博物馆以及故宫博物院又进行了多次调查。1959 年，湖田窑址公布为江西省文物保护单位，省政府竖立了保护标志说明，划定了保护范围，建立了资料档案和群众性的保护组织。1972—1979 年，景德镇陶瓷历史博物馆配合建设工程进行多次小规模试掘和发掘。1982 年，国务院公布湖田窑址为全国重点文物保护单位。1985 年夏，航空部、文化部、江西省国防科工办、江西省文化厅和景德镇市人民政府联合进行了实地调查，对窑址主要堆积区分别新建了石构保护围墙。1995 年，江西省政府划定 12 处重点保护区和一般保护区，对堆积丰富的刘家坞、望石坞、乌泥岭、琵琶山采取了围圈保护措施。

图 1-14　湖田民窑博物馆

1984 年，湖田古窑遗址保护区内设立的保护机构——湖田古瓷窑遗址陈列馆开馆，收藏陈列湖田窑各个历史阶段生产的各类典型标准器物和历次考古发掘出来的珍贵文物及标本，对宋、元、明各个重要历史时期弥足珍贵的窑炉、制瓷作坊等遗迹实施保护，较完整地保存历史原貌，向人们展示了古代制瓷场景。2003 年，此馆更名为景德镇民窑博物馆。

拂去千年历史的尘埃,湖田窑丰富的文化遗存是全国乃至全世界陶瓷研究者、陶瓷工艺美术爱好者的朝圣之地。湖田窑的魅力倾倒世人!

四、三宝古瓷窑遗址

三宝村位于景德镇市区东南6千米处,属珠山区竟成镇,有6个自然村,面积约63.6万平方米。宋代,蔡氏由婺源蔡家迁此建村。《景德镇市地名志》载:有一名“蔡三宝”者在此搭草棚开茶馆,方便来往客商,因生意兴隆被称“三宝蓬”。三宝村地域狭长,全程10千米,一条小溪蜿蜒而过,贯穿全境,两岸青山滴翠,林木葱茏。狭窄的公路伴溪而行,湮没了曾经的长亭古道,串联起沿河的碓棚、村落。

小溪潺潺,两岸搭建有许多低矮的草棚,或大或小,点缀在青山绿水间。这些简陋得近乎原始的草棚,四面透风无墙。走近这些草棚,首先入耳的是低沉的“咚咚”声。草棚里面高低不平,地面满是大池小坑,草棚的一端是古老的水碓,在水的推动下,水碓的重杵此起彼落,捶打着石臼里的瓷石。粉碎后的瓷石粉在高高低低的池子里进行淘洗、过滤、沉淀,然后晾干成砖块形状,为制瓷用的原料,送到景德镇的各个制瓷坯坊。

草棚简陋而古老,若将照明的电灯换成松脂火把,便寻不见一丝现代气息。水车的木制叶片最后一次置换已不知是在哪个年代了,上面布满了苔藓,就像几百年的石拱桥缝一样。那草棚,那水碓,那不(dǔn)子,那淘洗坑,依然是从前的模样,还有那水碓的咚咚声,奇迹般响彻千年,余音袅袅。水碓的石臼虽然在漫长岁月中被千万次撞击,却依然还有足够的厚度,顽强地承受着碓杵昼夜不停地舂捣。每一次碓杵落下,都会引起石臼周边地面的震颤,碓杵周而复始昂起砸下,坚硬的瓷石化为粉末。

《江西省科技志(远古—1990年)》载:南朝陈至德年间(583—586),景德镇瓷工“借溪流设轮做碓,加工陶石”。三宝瓷业先民以水为动力粉碎瓷石，精淘细洗，沉淀风干。仅仅依靠水流动力，小小的草棚里完成了瓷业原料加工全部流程，加工生产方式简单而又环保，两千年来未曾改变，这在世界工业史上堪称奇迹。宋代以后，三宝的古瓷矿、古水碓、古窑业孕育了辉煌的湖田窑，奠定了景德镇兴盛的基础。“重重水碓夹江开，未雨殷传数声雷。春得泥稠米更凿，祁船未到镇船回。”清代凌汝绵的这首诗生动描绘了三宝瓷矿、水碓、窑业的生产盛况。十里古道，装运瓷石和瓷不的独轮车，穿梭往来，络绎不绝。十里河道，岸边几百个碓棚，蔚为壮观。

有了制瓷原料，有了满山烧瓷松柴，建窑便是自然的事。三宝古瓷窑址群包括三宝古窑遗址和外小里古瓷窑遗址。1986 年文物普查时，在三宝村以东发现有遗存堆积，由于靠近村子，破坏严重，有注壶、注碗、粉盒残片，是宋代烧造质量较好的窑场。

外小里古瓷窑遗址位于外小里村附近。村西有一条小溪流经杨梅亭注入南河，村南与三宝蓬古瓷矿区相距约 1 千米，它是以其原料就近便利为优势而兴起的窑场。村周围的窑业遗存有 5 处：村东南侧的水沟畔遗物堆积面积 1200 平方米，烧造的产品为影青碗；村东北侧油麦坞往南 50 米处有一条小沟，遗物堆积面积达 48000 平方米，分布范围较大，遗物堆积稀少，烧造的产品有影青瓷碗、盘；村北侧井坞遗物倚山坡堆积，面积约 800 平方米，器物与油麦坞出土的一致；村西约 600 米处土山坞遗物堆积面积约 1500 平方米，烧造的产品为影青瓷碗、盘等；村西北 450 米枫树山林场三宝分场内，遗存上建有几栋木平房，遗物分布面积约 2600 平方米，部分遗存被破坏，烧造的产品有青瓷、白瓷和影青瓷碗、盘二类。

该窑址仅一处采集到支钉叠烧法装烧的青瓷与白瓷，其他 4 处皆为一器一匣仰烧法装烧的影青瓷。影青瓷偶尔见有简单的篦纹，制品都较为粗劣，其产品造型与附近的杨梅亭窑的产品一致。该窑址兴烧于五代，终烧于北宋，且北宋的烧造规模较大。

图 1－15 三宝陶艺坊

三宝村延续两千年的陶瓷历史，也吸引了世界的目光。1995 年，著名陶艺家李见深教授创建了景德镇三宝国际陶艺村，成为陶瓷文化交流的平台、陶瓷艺术创作的基地。借助三宝的陶瓷文化底蕴，在多年的发展过程中三宝陶艺基地得到了国际陶艺组织，国际陶艺教育界，中国陶艺界、教育界、文化界人士广泛关注，成为中国陶瓷文化国际交流的重要窗口之一。自创立以来，景德镇三宝国际陶艺村先后接待了来自全世界的艺术家、陶艺家和各界专家、学者友人和重要机构人员数千人。2002 年，三宝陶艺研修院作为中国第一个陶瓷文化组织的代表被国际陶艺协会接纳为正式成员。

景德镇三宝国际陶艺村交流出席、参与和组织了一系列重大的国际陶艺盛事，包括 2004 年景德镇瓷都千年庆典、澳大利亚国际陶艺大师创作交流展、挪威奥赛罗国际陶瓷艺术研讨会、欧洲陶艺中心、意大利帕克桑文化中心创作交流，这些活动为东西方的陶瓷文化交流提供了一个极有价值的文化平台。近年来，景德镇市将三宝打造成陶瓷文化创意基地，取名“三宝瓷谷”。

徜徉三宝的河畔溪边、山脚地头，你不经意就能捡拾到宋代瓷片、匣钵；茂密的林木丛中，你或许能窥见远古的矿洞、窑址，这里是景德镇瓷业的源头、陶瓷文化的高地。蜿蜒的公路上，遇上呼啸而来的豪车你莫奇怪，商贾达人、瓷艺名家常常来此品茶会友；村口的小桥边，瞧见翩翩骑行的外国学者你莫惊讶，景德镇陶瓷大学的高鼻大叔、碧眼学妹常常到此寻根溯源。无论是寻找商业机会还是艺术灵感，到了这里都能领略与感悟厚重而绵长的陶瓷历史与文化。在景德镇陶瓷手工业者最后守护、守望的家园中，我们能品味到一份发源于土地河流的单纯朴素的快乐。

五、杨梅亭古瓷窑遗址

杨梅亭(又称胜梅亭)位于景德镇市珠山区竟成镇湖田村，在世界闻名的景德镇三宝瓷土古矿和湖田古窑之间，西北距湖田村约 2 千米，村东一小溪连通南河，在四周青山映衬下，村庄古老而宁静。明代，此地有一亭称杨梅亭，为来往三宝搬运瓷土的人提供小憩之所，村以亭名。自五代始，这里就是瓷器烧造之地。

小溪上游 5 千米就是景德镇三宝瓷土矿区，小溪两岸零星分布着加工瓷土的碓棚。经水碓粉碎后的瓷石粉，再进行淘洗、过滤、沉淀、风干，制成砖块状的瓷不，运往各制瓷坯坊。自五代至清末，两岸碓棚鳞次栉比、首尾相连，为湖田及景德镇的其他窑场提供原料，而杨梅亭的窑场自然是近水楼台、独享便利。

图 1－16　杨梅亭窑遗址

杨梅亭古瓷窑遗址在杨梅亭村旁边，村西一农舍后面山坡下发现有古窑遗物堆积层，呈长方形堆积，四周设有界桩，在界桩的西南边还有一相连的堆积层，南北长 75 米，东西宽 36 米，由村东过小溪 300 余米（画眉楼一带）亦见有大量碎瓷片。整个遗址分布 2700 多平方米，瓷片、窑具散见于全村各个角落。窑址南部断面的窑具特别大，为其他窑址所罕见，堆积非常丰厚，从发掘的断面看，最厚处有 1.7 米。堆积层中以窑具为主，有常见的漏斗式匣钵、桶式匣钵，还有底部微斜、中间开孔的桶式匣。这种匣口径大的 32 厘米，小的 10 厘米；高者达 35 厘米，低者仅 7 厘米，是单件仰烧法的主要工具。其边沿偶有“二”“三”“X”等标记,其中一件刻有“□二哥赤土”字样,反映了宋人烧陶的标记形式。窑具有垫柱,以夹沙的黏土制成;漏斗式匣钵及圈状或饼状“垫饼”是以黏土加粗料制成,直径2~6厘米,厚度0.5~3厘米。

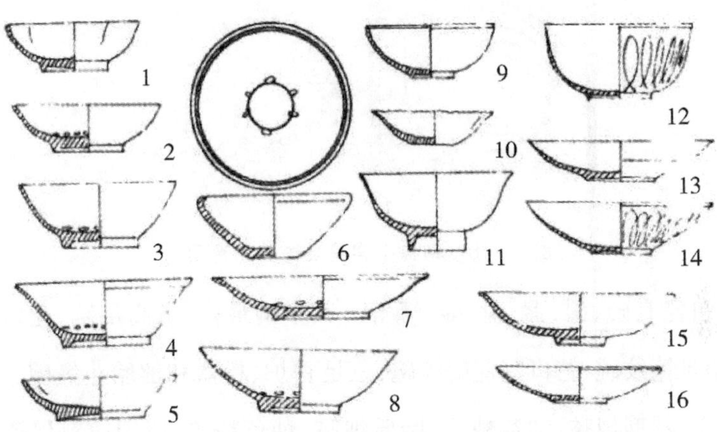

图1-17　杨梅亭遗存出土碗器型示意图

杨梅亭遗存中有大量覆烧组合式窑具粘连废弃品,表面呈黄褐色。一种是匣钵,撇口、深腹、小底,瓷土质。这是一种上大下小的圆锥状匣钵,钵内由底至口沿分布自小而大的阶梯状界圈,口径18~21厘米,高15~24厘米,一般为9~12圈,可覆烧多种瓷器,常见有碟三、四件,盏二、三件,再是深腹碗三、四件,然后是大碗或器盖三、四件叠装。这在江西境内仅见于景德镇窑场。

还有一种窑具是圆饼状,垫盘上以泥条盘筑成直径相同的阶梯形圆圈,每圈覆置一器,直径为16~22厘米,圈阶高为0.8~1.5厘米。为了保持相同的收缩率,覆烧圈只能使用一次。

器物残片中有五代的青釉碗、碟、盏、壶,白釉碗、盏。其青瓷酷似越窑产品,白瓷胎细腻致密,很像唐代邢窑产品。20世纪50年代初期,考古专家陈万里先生来此调查,认定该窑址始烧于唐末。

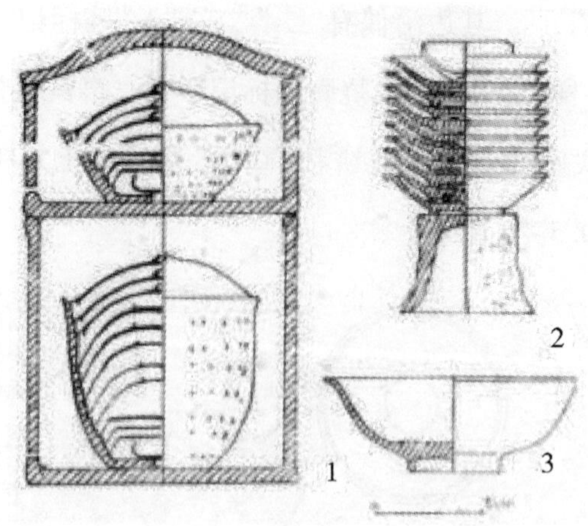

图 1－18　杨梅亭窑覆烧工艺示意图

青白瓷有碗、碟、盏、盘、壶、罐等。其中碗最多，有高足碗、花口小足碗、浅圈足篦纹碗、芒口刻莲瓣纹碗、三足香炉、粉盒和涩胎斗笠碗。这些影青釉瓷，器型规整，细致精巧，胎质细腻，釉色精美，所用原料仅瓷石一种，釉色洁白纯正。

图 1－19　杨梅亭窑出土的日式盏、夹腹灯、堆花子母盒、日式碗（顺时针）

杨梅亭窑的装饰大致可分三期，早期青瓷、白瓷与初期影青瓷大多光素无纹，唯见葵口与瓜棱装饰，器型比较浅矮。中期影青瓷大量出现刻花和雕塑装饰，如双婴攀枝、游龙腾云、双鱼戏水、团鸾、缠枝牡丹、菊花、芙蓉、荷莲、水波云气及其组合等，各器手工操作，高度相似却不雷同。印花多系模印，类器规范，图案工细繁密，布局合理，主体常布双凤穿枝、飞燕衔芦、折枝牡丹、芙蓉、荷莲等图案。

杨梅亭窑盛产白瓷，产品精良，它是中国南方地区最早生产白瓷的窑场之一，其白瓷生产技术对影青瓷的生产具有重大影响。从窑址的产品形制特征、质地和装烧形式分析，该窑兴烧于五代，终烧于北宋，该窑址的产品形制特征与湖田窑同时期的产品基本一致。杨梅亭窑与三宝蓬古瓷石矿、湖田窑群等，在景德镇南河下游形成一个庞大的瓷器烧造区。通过对这些庞大的古窑遗址、遗存考古研究，证明了自五代至宋代景德镇瓷业已拥有巨大的生产规模和良好的烧造技术及工艺水平。杨梅亭窑由盛而衰的历史也是景德镇瓷业由各原料产地向昌江边景德镇老城区迁聚的发展历史。

1959 年，杨梅亭窑址被江西省政府公布为省级文物保护单位。20 世纪 80 年代初，由于当地农民多次建房或铺路，使大量影青瓷碗、盘、壶等残器裸露在外，堆积层破坏也较严重。

岁月如梭、斗转星移，当时间进入 21 世纪，陶瓷产业在科技的道路上一路狂奔之后，人们又开始寻根溯源，追求历史文化内涵。景德镇市以及一些外地的陶瓷艺术家、企业老板，仰慕杨梅亭悠久的陶瓷历史与深厚的文化积淀，纷纷来此落户，开办瓷艺作坊、工作室，形成“景漂”一族。景德镇陶瓷学院、江西陶瓷工艺美院也把学生实训基地设在杨梅亭，杨梅亭的瓷器烧造历史在中断千年之后，又在新技术的基础上得以恢复和发扬光大。

近年来，汉光陶瓷等一些大型陶瓷企业也往这山旮旯里挤，都想浸润在杨梅亭陶瓷文化氛围里，就连餐饮业也看中了这里的名气，纷纷把公路两侧的民房打造成陶瓷文化韵味十足的餐馆：有的在门边用瓷业堆积中捡来的匣钵垒成景观墙，取名“碗忆”，有的装修得古色古香或装修成农家模样，取名“荷塘夜色”“柴火灶”等，形成颇具特色的餐饮一条街。

青山绿水依旧在，人间几度夕阳红。重新繁华起来的杨梅亭村聚集在公路两边，显得有些拥挤与忙乱。古时得天独厚，如今受佑先祖，在唐宋窑址上再次燃起的窑火，能否再造曾经的繁华与荣耀，杨梅亭静静地等待着。

六、观音阁古瓷窑遗址

观音阁古瓷窑遗址位于景德镇市竟成镇昌江村，西临昌江，东北临近观音阁。现存观音阁窑址为整片的菜地所覆盖，已看不到堆积。观音阁古瓷窑址南北长 420 米，东西宽 164 米，共约 6. 8 万平方米。1998 年昌江河暴涨，洪水冲开岸堤，大面积的窑业堆积才显露出来，由此揭开了观音阁古瓷窑址的神秘面纱。

图 1 －20　辘轳车基座

2007年9月25日至12月30日，北京大学考古文博学院、江西省文物考古研究所、景德镇陶瓷考古研究组成联合考古队，对该窑址进行考古，发掘面积600余平方米，发现一批明代晚期作坊遗迹、制瓷工具，出土明代中后期重要瓷器标本数万件。

图1-21　各种图饰的青花瓷碗

出土作坊遗迹比较多，有房基、陶泥缸、练泥池、釉缸、辘轳车基座等，景德镇老城区以外的瓷器作坊一般都用砖、石筑池淘洗原料，而观音阁窑场则一律采用陶缸，陶缸口径一般为1米，底径0.3米，高0.8米，埋入地下。其中有5口缸并列的场景，说明当时该作坊的规模较大。

出土遗物绝大部分是匣钵和瓷质垫饼，青花瓷片较多，器型以碗为主，也有盘和碟。纹饰主要有缠枝花卉、折枝花卉、蟠龙纹、飞马纹、云气纹、白菜纹、树石纹、花蝶纹，还有“雨香斋”“白玉斋”等堂名款，有的碗上画十字云、书“善”“福”“玉堂佳器”“万福攸同”等铭文。其中还出土有嘉靖白釉大盘、青花五爪龙纹碗等瓷器。

出土的瓷器不但有明确、可靠的地层，而且很多瓷器上还有干支纪年款，如壬子年造（弘治五年）、癸丑年造（嘉靖三十二年），还有日本国“天文年造”款（嘉靖十一年至三十三年），这些纪年明确的瓷器，为观音阁窑的烧造时间以及景德镇明代中晚期民窑瓷器断代提供了标准器。此外，还发现有“蓝氏自造”的私家作坊款瓷器标本。

图 1－22　克拉克青花瓷盘

考古发掘表明，观音阁古瓷窑遗址是明代民窑中遗址堆积较大且具有代表性的窑场之一。遗存器物反映烧造年代变化明显，发展脉络清晰，发现的万历时期的克拉克瓷残片和日本国纪年瓷片，说明这里烧造国外销瓷。发现的嘉靖时期的画有“□□嘉□□”款白釉大盘、青花五爪龙纹碗的残片，并且有烧造变形的情况。五爪龙瓷器民间是禁用的，推测这里曾经是“官搭民烧”的窑址之一，烧造过御用瓷器。据研究，当时官搭民烧的民窑有 20 座。

观音阁窑址出土的文物，对研究景德镇明代制瓷经济形态和陶瓷作坊内部的具体分工形式和17世纪景德镇转变期瓷器和外销瓷烧造情况的研究提供了科学资料。

七、落马桥古瓷窑遗址

落马桥古窑遗址位于景德镇市珠山区中山南路落马桥一带,坐落在景德镇市红光瓷厂院内,西距昌江仅500米之遥。自宋元至明清,这里一直是景德镇窑场聚集之地,生产的精美瓷器漂洋过海,成为欧洲各大博物馆收藏的宝贝。

1980年,景德镇陶瓷历史博物馆为配合红光瓷厂基建,在厂区内进行抢救性发掘清理,发掘面积近700平方米,距地面1.7米处出土重要元代遗物,主要有青花和青白釉瓷,还有少量的卵白釉瓷、釉里红以及釉上彩瓷,和青花瓷堆积在一起的还有褐胎实足小碗。青白釉瓷有双耳瓶、葫芦形小注、高足杯、人物塑像等。其中天球瓶、葫芦瓶、扁瓶等双耳瓶类较多。装饰手法除葫芦形小注为釉下褐彩装饰,其他均为印花和刻花装饰,纹饰有梅、桃、花鸟、瑞兽和缀珠等。釉里红器有荷叶形罐盖、玉壶春瓶和绘鹿纹的小瓶残片。

青花瓷的品类非常丰富,除常见的碗、盘,还有劝盘、耳杯、匜、盖盒,各种造型的小罐和瓶子等,纹饰有各种花卉、动物、人物故事等。这里还出了一些书写文字的器物,有一研钵用八思巴文书写姓氏,内容为“□宅端午置……”还有书写“头青”“黄”“吴”“戴采”等文字的瓷柱和“辛巳”二字的瓷片。

所谓“头青”者,即头等(上等)青料之意,从这件器物上不仅可以看出元代的上等青料是怎样的呈色,而且还能获悉景德镇用钴作为彩料烧造的釉下装饰在制造伊始就被人们称为“青花”。

用青料书写“辛巳”二字的瓷片,是确定这批元青花生产年代的重要依据。“辛巳”在元代有两个,一是元世祖至元十八年(1281),一是元惠宗至正元年(1341)。那么这批元青花是元代前期还是后期之物呢?在同一地层出土的青花标本中,有一件青花松竹梅纹平底碟,这类纹饰的平底碟在元大都(北京)后英坊后期的居住遗址里也有出土,据此可以确定落马桥出土青花瓷片的“辛巳”应为至正元年。所以,该地层中的青花器均为至正前期之物,比著名的英国大维德瓶的烧造时期稍早。

落马桥古窑遗址最重要的发现,首推元青花人物故事图大口罐和梅瓶残片。这批瓷片的肩部缠枝莲纹和口沿外侧栀子纹样,与尉迟恭单骑救主图、三顾茅庐图元青花大罐和梅瓶的纹样如出一辙。落马桥元青花大罐口沿和梅瓶下腹部残器的仰莲纹和双勾棱格纹,分别见于英国裴格瑟斯信托公司(Pegasus Trust)旧藏三顾茅庐图青花罐和美国波士顿艺术博物馆所藏三顾茅庐图青花带盖梅瓶。

2005 年,伦敦佳士得拍卖会上,元青花鬼谷子下山图大口罐以 1568.8 万英镑创下中国文物乃至亚洲艺术品拍卖的历史最高成交价。据佳士得专家曾志芬考证,这个青花大罐所绘鬼谷子下山图来自元代平话小说插图,也即日本内阁文库藏《新刊全相平话乐毅图齐七国春秋后集》插图中一幅鬼谷子下山图,由元至治年间福建建安虞氏刊印。泉州文物收藏家裴光辉曾对鬼谷子下山青花罐的真实性表示怀疑,并提出八点疑问。毛晓沪撰文反对裴光辉的现代仿品之说,认为这是明初洪武窑产品。而落马桥元青花的发现,证明了鬼谷子下山青花罐为真品,平息了各方争论。不过,这件青花罐既非元朝浮梁瓷局官窑产品,亦非明初洪武窑产品,而是陈友谅割据饶州时落马桥窑厂所烧造。

2012 年,江西省文物考古研究所、景德镇市陶瓷考古研究所、北京大学考古文博学院等单位报国家文物局批准,再次对落马桥遗址进行发掘,发现并清理从南宋末到民国初年的瓷业遗存,出土了较丰富的遗物。第一期为南宋末和元初，主要以生产青白瓷为主；第二期为元代中晚期，以青白瓷和卵白瓷为主，晚期地层出现了一定数量的青花瓷以及少量蓝釉和釉里红瓷器，产品制作精细，有印“枢府”“太禧”等字样和五爪龙纹的敞口盘和高足杯；第三期为明初，以青白瓷、青花瓷和白瓷为主，青花则有绘蓝地白花五爪龙纹的产品；第四期为明中期，出土瓷片以青花为主；第五期为明末清初，出土物有青花瓷、白瓷、青釉黄彩瓷、低温黄绿釉瓷等；第六期为清中期，出土瓷片主要是青花瓷、白瓷、青釉瓷；第七期为清末至民国初年，以青花瓷为主，其次是青釉瓷、白瓷。同时，落马桥遗址还清理出一批重要的遗迹，包括 1 座明代马蹄窑遗迹、15 处元明清坯房址、13 处池子，还有 8 处辘轳坑、8 条排水沟、5 处路面、14 处墙体和 2 座高规格的元代庭院等。

落马桥考古以地层为基础排出的瓷器发展序列，极大地丰富、补充和完善了景德镇民窑生产历史。尤其是元代地层和明初地层，出土的品类丰富、数量巨大、装饰多样，陶瓷遗物的工艺较高。如制作精良的元代枢府瓷和青花瓷，从其一些模印和青花彩绘五爪龙纹的产品来看，该窑址在元代也许是浮梁瓷局下辖的一处重要窑场。另外，明早中期的一些重要器物表明这里应该是明代御器厂以外的一处重要的、高质量的瓷器生产地点。

落马桥古窑遗址的考古发掘对“至正元青花”做了进一步解读，所谓“元青花”包括元朝浮梁瓷局烧造的元青花和陈友谅割据政权烧造的元青花，而“至正青花瓷”相当一部分烧造于元末落马桥窑，当属元末红巾军首领陈友谅割据饶州时期。据史书记载，元末海外贸易从未中断，江南首富沈万三在陈友谅大汉国都城江州(今九江)开办“宝市”，将景德镇外销瓷批发给中外海商，然后从张士诚控制下的太仓娄江港远销海外。

落马桥出土的元青花八方玉壶春瓶残片，不但在西沙群岛元代沉船有发现,与土耳其托普卡帕宫收藏的元青花八方玉壶春瓶几乎完全相同。出土的其他元青花的纹样,如莲瓣纹、火焰纹、焦叶纹,亦见于西沙群岛元代沉船青花碗和埃及福斯塔特出土的菊纹青花碗。根据这些落马桥元青花的发现地点,可以复原一条从景德镇落马桥,经江苏太仓海运港、西沙群岛、马六甲海峡、印度南部,最后抵达埃及福斯塔特古海港的元末海上青花瓷外销路线。落马桥出土的瓷片,为中国海上瓷器贸易找到了一处重要的生产源头。

八、黄泥头古瓷窑遗址

从景德镇市区驱车向东行驶,穿过一条条热闹繁华的街道,便到了处于城乡接合部的黄泥头村。再沿着景婺公路黄泥头路口往中共市委党校方向行数十米,一座古色古香的门楼便矗立路边。有着上千年历史的黄泥头古瓷窑遗址,就坐落在这座低矮的山丘上。

黄泥头位于景德镇市东郊的丘陵河谷地带,离市中心 7.5 千米,今属珠山区竟成镇管辖。自古以来,黄泥头陆路、水路交通就十分便捷,悠悠南河千百年来依偎在小村旁边,有大路与寿安、涌山等地连接。黄泥头与浮梁县湘湖镇相邻,古代湘湖是浮梁经济文化较为发达的区域,宋代被称为湘湖市,以湘湖街为中心周边分布着众多古瓷窑遗址,加之周边广袤的林地和丰沛的水源,是一个宜居宜陶的好地方。据《景德镇市地名志》记载,唐末宋初,林氏、姚氏等先民陆续迁到此地繁衍生息,千百年来在这里筑窑烧瓷。

黄泥头古瓷窑遗址面积达 1.3 万平方米,遗物呈山丘状堆积,高数十米,有东西两个较大的堆积层。西堆主要是青瓷和白瓷;东堆以影青瓷为主,亦见青釉瓷片。黄泥头小学建校舍时,曾夷平了窑址南侧的部分堆积层,从遗存断面观察,堆积层厚度为 3 ~ 5 米。

图1-23　黄泥头村的南河

从出土的瓷片标本看,青釉瓷胎为灰色,胎骨较浑厚,胎质细腻,釉色青亮,极似越窑"蟹壳青"之色;产品有碗、盘、壶等,碗盘类为大足唇口、撇口或花口,壶为瓜棱式,形制特征与同时期的湖田窑相似。白瓷为白胎,瓷质纯细,胎体略薄,产品特征与青釉瓷相似,但碗类多为唇口。影青瓷胎质洁白细腻,釉色微青泛白,亦有闪黄者;品种有碗、盘、壶等,产品特征与湖田窑北宋影青瓷无异。从采集的遗物标本来看,青瓷与白瓷均采用支钉叠烧法,影青瓷采用匣钵与垫饼的单体仰烧法,其烧造工艺与湖田窑五代与北宋的装烧形式相似。故推断,该窑址兴烧于五代,终烧于北宋,是景德镇这一时期较有代表性的古瓷窑址。1983年,该窑址公布为景德镇市文物保护单位。

黄泥头窑址所临近的南河是景德镇昌江河的一个支流,全长76千米,发源于婺源县,流域面积566平方千米。南河曲折流向西南,经塘下至黄泥头纳柳家湾水,下行21千米经湖田村至景德镇南郊小港咀东岸流入昌江。南河各支流河港密布,窑址众多。宋代在湘湖、兰田、盈田、柳家湾、杨梅亭、白虎湾、湖田、银坑坞、三宝蓬等村落附近的窑址星罗棋布,繁荣的瓷器烧造,呈现出"村村窑火,户户陶埏"的景观。南河小流域是景德镇陶瓷产业发展的滥觞之地,黄泥头古瓷窑址就是其中著名的宋代窑场之一,南河流域早期的窑业发展,为明清时期景德镇瓷业的繁荣奠定了坚实的基础。

九、刘家弄民窑遗址

"陶舍重重倚岸开,舟帆日日蔽江来。"这是明清时期景德镇陶瓷业繁荣发展的真实写照。

图1-24 刘家弄民窑堆积层

景德镇自元代设立官窑以后,逐步成为"天下窑器所聚"之地。明清之际的景德镇更是“集天下名窑之大成，汇众家技艺之精华”，制瓷业规模空前。景德镇官窑的设立，更带动了民窑的发展。民窑比官窑的生产规模大，从业人员不下数万人，形成“官民竞市”的局面，出现了“工匠八方来，器成天下走”的景象。民窑的发展，极大地提高了景德镇瓷器的产量，奠定了“行销九域”的基础。到明代中后期，景德镇的瓷器几乎占据全国的主要市场。刘家弄就是当时规模大，烧造质量好的窑场之一，见证了千百年来景德镇陶瓷产业发展的辉煌历史。

刘家弄民窑遗址占地 1.2 万平方米，始烧于宋代，终烧于民国时期，是景德镇老城区发现的时代跨度最长的古代窑业遗存。该遗存主要由刘家弄古作坊群和吊脚楼古窑遗址组成。

图 1－25　刘家弄民窑遗址博物馆

刘家弄古作坊群位于昌江东岸，景德镇老城区之南，面积 4600 平方米，遗址有清代至民国时期的制瓷作坊、窑砖护墙和窑砖坡道。它地处槎窑集中区，多建在数米高的窑业堆积上，作坊建筑的外墙、挡土墙、坡道均以窑砖、窑渣、麻石等建成，给人以古朴的质感和历史的厚重感，具有较强的观赏性。其中尤以刘家下弄63号古作坊保存完好，最具代表性。

吊脚楼古窑遗址南临浙江路，北临玉路弄，西临沿江东路，面积约7600平方米，为宋代至民国时期废弃的窑业堆积，出土瓷片均为粗糙的青花碗（俗称渣胎碗）。该窑址年代跨度长，堆积丰厚，地层堆积清晰，蕴藏着厚重的陶瓷历史文化信息。2006年12月，该窑址被公布为景德镇市重点文物保护单位。

刘家弄民窑遗址在1949年以后成为居民区，21世纪初被列入老城区改造区域。鉴于该窑址的重大文物和考古价值，2006年年底，景德镇市政府出资向房地产开发商回购土地，并投入巨资对遗址进行原址保护，维修古作坊，建设室内展览馆，对周边环境进行改造。在遗址保护中，市政府充分采用窑业废弃的过火小窑砖以及马头墙、石牌坊、吊脚楼等传统建筑元素，较好地表现景德镇民窑独特的历史风貌。室内展览馆则采用丰富的实物，图文并茂地集中展出近年来景德镇各民窑窑址的考古成果。2010年，刘家弄民窑遗址博物馆建成，并向市民和中外游客开放。

历史上，景德镇是一个没有城墙的城市，尽管明清之际已发展成为中国著名的“四大名镇”之一，但一直是浮梁县所辖的一个市镇。沿江设窑，连窑成市，促进了景德镇城市的发展。坯房、窑房密布，红店（画瓷器的店铺）、瓷行毗邻，成为有别于其他城市的一道独特的风景。如今，景德镇加强陶瓷历史文化遗址保护与开发，实施以景德镇明清御窑为主体的大遗址保护工程，刘家弄民窑遗址博物馆就是景德镇陶瓷历史文化保护与开发中的一颗明珠。

十、银坑坞古瓷窑遗址

银坑坞村位于景德镇市南约1千米，隶属珠山区竟成镇。银坑坞北临昌江支流南河,东北与湖田窑相距约3千米,东南与三宝蓬瓷石矿隔山相邻。站在坞口便可一览南河对岸的景德镇老城南区。坞口窄小,但坞内宽敞平坦,田畴千亩,群山环绕,一条小溪从中穿过,几个小村依山脚而建。银坑坞瓷土资源丰富,古时称瓷土矿为坑,故以坑为地名。这里有较为优越的制瓷自然条件,留下了许多窑业遗存,是景德镇古代瓷土加工、瓷器烧造的重要场所之一。

图1-26 银坑坞小坞里窑址

银坑坞古瓷窑遗址由小坞里、兰家井、郑家坞、草坦上、八角湾、白庙下、红庙下、石边坞、碓家坞等9个自然村的16处窑业遗物堆积层组成,总面积达3.6万平方米。20世纪80年代,市文物部门对古窑遗址进行了考古调查。

小坞里堆积在银坑坞南山林场北侧,遗物堆积有3处。一处在茶园地北侧,东南距银坑坞约300米,遗物由南向北倚山坡堆积,东西长约65

米，南北长约100米。采集的瓷器标本有圈足唇口小碗、圈足敛口小碗、圈足撇口小碗，还有种外壁起棱、底心凸起的圈足小碗和圈足折腰折沿杯托等残器瓷片，均为影青瓷，堆积层保存基本完好。另两处在距银坑坞东150米处，两处堆积层相距约80米，堆积面积分别是2100平方米和2800平方米。采集的瓷器标本有圈足大、小碗，圈足敛口小碗、瓜棱式花口小碗、高圈足折腰碗、高圈足瓜棱鼓腹折沿花口小碗、刻花斗笠碗等残器瓷片。瓷胎为白色，胎质细腻，釉为影青，釉面光洁，色泽如玉。纹饰有刻花牡丹、萱草、菊花、篦纹等。

图1－27　郑家坞窑址

郑家坞村周边发现有四处窑业堆积，均为倚山坡而建的龙窑堆积，遗物堆积面积达2000～4000平方米，采集的标本有圈足唇口小碗、圈足撇口小碗、罐盖等残器瓷片，均为白胎影青瓷，胎质洁白纯细，其中斗笠碗内壁饰有篦纹。

塘里龙窑窑址分布在银坑坞里面的大山中，2005年，江西省文物考古研究所、景德镇民窑博物馆为配合南环高速公路建设而进行了抢救性发掘，发掘出龙窑一座，并清理出大量的仰烧窑具及青白釉残片，器型为碗、盏和盏托等。

其他各村的窑业遗存堆积情况也类似，主要为碗、盘类，少量有盖罐类，其中尤以碗类为大宗，都是影青瓷。在各堆积层中所发现的窑具仅有匣钵和垫烧器物的环形或圆形垫饼。匣钵形制为，外壁上半部为厚直沿，下半部骤折而成小平底，大小因装烧的器物而异。从窑具观察，该窑址采用仰烧的形式，与宋代早期湖田窑相似。从器物特征和窑具分析推断，该窑址兴烧于宋代早期，终烧于南宋以前。

图 1－28　白庙下窑址

银坑坞窑址群是景德镇南河流域众多窑址中生产规模较大、产品比较单一、影青瓷质较好的窑场之一，它为考察研究景德镇宋代窑业情况和影青瓷制瓷技术提供了珍贵实物资料。因该窑址未经全面系统考古发掘,遗存内涵有待进一步揭示。

史料载:瓷石产于景德镇市南山银坑坞、小坞及渡峰坑等处。加工后瓷土色淡褐,性硬,为普通瓷制原料,质白润洁者曾为粉定器坯料采用。宋末,景德镇制瓷大量采用的表层瓷石开采殆尽,下层瓷石未风化成熟,不能单独用来制瓷,景德镇瓷业出现原料短缺的危机,湘湖及银坑坞的窑场逐渐衰落,纷纷停烧。元初,窑工们发现用高岭土掺下层的瓷石制瓷,能够大大提高瓷器烧造温度而不变形,可以生产出了更大、更薄,瓷化度更高的现代瓷器。景德镇高岭土的发现及二元制瓷原料配方的发明,使制瓷工艺水平得到巨大的飞跃,景德镇瓷业再次兴起并向昌江边的珠山周边迁移,瓷器也由粗放型的龙窑烧造向精细化的马蹄窑烧造发展。银坑坞依山傍水,依然是瓷石粉碎加工的好地方,元明清三代继续为景德镇提供制瓷原料。

民国时期,银坑坞瓷石开采几乎停止,而改用其他地方的原料。民国二十六年(1937 年)《浮梁乡土纪略》载:“该地不产原料,其所用原料,银坑坞的陶新生、陶珍昌、郑义顺、郑义达、吴道恒五厂是用南港原料舂造,其余各厂多用余干、乐平或掺以南港原料舂造。”“银坑坞有小车(水车轮)八十余车”这说明银坑坞到了近代、现代依然是瓷土加工的聚集地。

1949 年以后,景德镇对陶瓷手工业进行了社会主义改造,逐渐建立起公有制的瓷业生产体系。景德镇陶瓷原料总厂建立并大规模采用现代生产技术,在三宝开采加工瓷石矿,改变了景德镇瓷土加工依靠水力舂捣,沿河两岸设碓棚的状况,瓷土加工业渐渐淡出了银坑坞。进入 21 世纪,许多私营的瓷器生产企业从城区迁出,落户银坑坞。银坑坞依然续写着瓷业的历史。

十一、铜锣山古瓷窑遗址

2006年，江西省文物考古所对景德镇南环高速公路建设工地的铜锣山窑址、道塘里窑址和凤凰山窑址进行了抢救性考古发掘，共揭示北宋龙窑遗迹2座、制瓷作坊遗迹3处，出土了一批青釉、酱黑釉、青白釉瓷器和窑具标本。其中，青白釉瓷和匣钵窑具占出土物的绝大部分，完整和可复原的器物达数百件。三处古窑址均位于南河南岸，紧临古代的运输线，水上交通极为方便。背靠崇山峻岭，柴草充裕，又靠近瓷土产地三宝蓬、进坑，对研究宋代景德镇地区制瓷业的作坊形态、技术特征和产品种类均具有重要价值。

铜锣山考古发掘中找到制瓷作坊遗迹一字排开至少四间，部分墙体采用青灰砖砌建，墙体之间加砌柱石。在作坊遗迹的上层发现不少青灰瓦片，这说明作坊的房顶采用具有南方地区特色的青灰瓦。从作坊遗迹内发现砖砌陈腐池，出土有轴顶帽、荡箍等制瓷工具，以及作坊遗迹附近发现大型缸底残片，可以看出这些作坊遗迹分别具有陈腐、练泥、拉坯、施釉的功能，也有的可能是窑工生活休息处。从遗迹所处的位置看，作坊均背山而建，地面相对平缓，紧邻窑炉烧造区域，便于窑工生活、工作，方便坯件的传送。

窑址出土的遗物非常丰富，有瓷器、铜器和陶器。瓷器占绝大部分，包括青釉瓷器、褐釉瓷器、青白釉瓷器，仅见少量的铜器和陶器。

铜锣山青釉瓷器数量较少，种类不多，有执壶、花浇、碗、碾槽、碾轮、枕和扁担形小碟等。执壶的流较短，具有五代遗风。

酱釉瓷器数量比青釉瓷器多，种类丰富，有执壶、碗、盏、盘、碟、高足杯及炉等，每种还可再细分为不同类。

青白釉瓷器数量最多，占出土物的绝大部分，器型多样，有瓶、执壶、花浇、钵、碗、盘、碟、水盂、盏、盏托、酒台、杯、器盖及塑狗、佛像等，是日常生活中的常用器皿,多数为饮食器,也有一些盛贮器、陈设器。

碗在铜锣山窑址出土物中的数量最多,造型多样,是青白釉瓷器中的大宗产品。盘、碟分平底和圈足,口沿、腹壁有多种造型。早期的造型继承五代的风格,如口沿呈六个花瓣,外底留存五个支钉垫烧痕,往后发展为圆平口,器壁自口沿至底渐厚,内底多刻划或模印云气、莲瓣纹的特征。有腹壁上部较直、腹壁下部折收、圈足,器型和装饰变化明显。

盏的类型多样,早期承接五代支烧法装烧,由斜弧壁发展成斜直腹壁,有的口沿有六个小缺花口,外腹壁对应处压印凹槽。盏托的修胎极为规整,器物精致,由托盘和托子两部分组成。

水盂可分两类,其中一类由上、下两部分接胎而成。花浇为喇叭状口沿,对应的口沿处与肩腹部处贴塑一扁平把柄,把柄外侧模印“半”纹,束颈,鼓腹,暗圈足。杯的制作规整,胎体轻薄,胎质细腻,有的器物外壁刻划一周缠枝菊纹。器盖品种丰富,有平顶出沿的,有盖面中间塑花蕾状钮的。

铜锣山是以青白釉瓷为主的综合性瓷窑遗址,大部分的厚唇盏和执壶类采用一件匣钵装烧一件器物仰烧而成,使用支钉间隔,但支钉的数量相比较前期较少,只用3~5个支钉间隔烧造。

青釉瓷是五代青瓷的延续,数量较少,种类不多,器物胎质粗糙,胎中所含颗粒较大。器物采用内壁满外腹壁半施青釉或口沿及外腹壁半施青釉,釉层较薄,釉面不光亮,器物均为素面,不见装饰。青釉瓷采用裸烧或一件匣钵装一件器物的方法,其中裸烧的方法是晚唐五代装烧方法的延续。宋代,景德镇地区开始使用匣钵烧造瓷器。

酱黑釉瓷数量比青釉瓷多,种类也丰富。酱釉瓷的胎色较浅,以白色为主,有的白胎泛黄色。胎体的颗粒较粗,淘洗不太精细,介于青白釉与青釉瓷的胎质之间。器物采用内满外腹壁及底足施釉的方法,壶类仅口沿和外壁施釉,有的釉呈黑色,近底有流釉痕。器物与青釉瓷一样,均是素面,不见任何装饰。器物的装烧采用一件匣钵装一件器物的仰烧法,不同于较早期的裸烧。

综上,铜锣山是以烧造碗、台盏、执壶类为主的专业性较强的窑场。出土器物中酱黑釉瓷数量比青釉瓷多,种类也丰富。酱釉瓷的胎色较浅,以白色为主,有的白胎泛黄色。青白釉瓷数量最多,占出土物的绝大部分,造型精致规整,形式多样。铜锣山窑址以碗、盏、盘为主,不见琢器,而同期考古发掘的道塘里窑址以酒台、杯和盏为主,偶见雕塑,少见壶类;凤凰山窑址中执壶占90%,少见碗类器。这说明铜锣山、道塘里和凤凰山窑场是分别以烧造碗、台盏、执壶类为主的专业性较强的窑场,都是以烧造青白釉瓷为主,但烧造的品种各有侧重,出现了专业分工,制瓷业的分工越细,效率和规模就越大。

景德镇在宋代开始生产青白瓷,当时有"假玉器""饶玉"之称。铜锣山窑址的发掘,为景德镇青白釉瓷烧造起源问题的研究,提供了重要的考古资料。

十二、道塘里古瓷窑遗址

道塘里窑址位于珠山区小港咀村东南五显庙的山坡上,该处是一柴薪充足的小盆地,20 世纪 80 年代被文物工作者发现,至今保存有多处窑业遗址,地表散见碗、盘、碟、酒台等瓷器及匣钵、垫饼等。道塘里古窑址堆积丰富,厚度达 8 米,面积 4000 余平方米。2006 年上半年,因景德镇南环高速公路建设,江西省文物考古所在景德镇民窑博物馆的配合下,进行抢救性考古发掘,揭示北宋龙窑遗迹 1 座、制瓷作坊遗迹 2 间,出土了一批青釉、酱黑釉、青白釉瓷器和窑具标本。其中,绝大部分是青白釉瓷和匣钵,完整和可复原的器物达数百件。

道塘里窑址的两间作坊遗迹相连排列，而且与窑炉遗迹的窑前工作室共用墙体，以附近的山土筑墙，靠近山体的一面用片石垒砌墙体，既作为墙体又可挡土。北墙利用山体，东、南两墙用紫红色沙土夯筑而成，墙内夹杂瓷片和匣钵残片，西墙沿山体用青石块与废弃匣钵砌筑。多种多样的建筑用材，反映了当时的建筑技术和习俗。

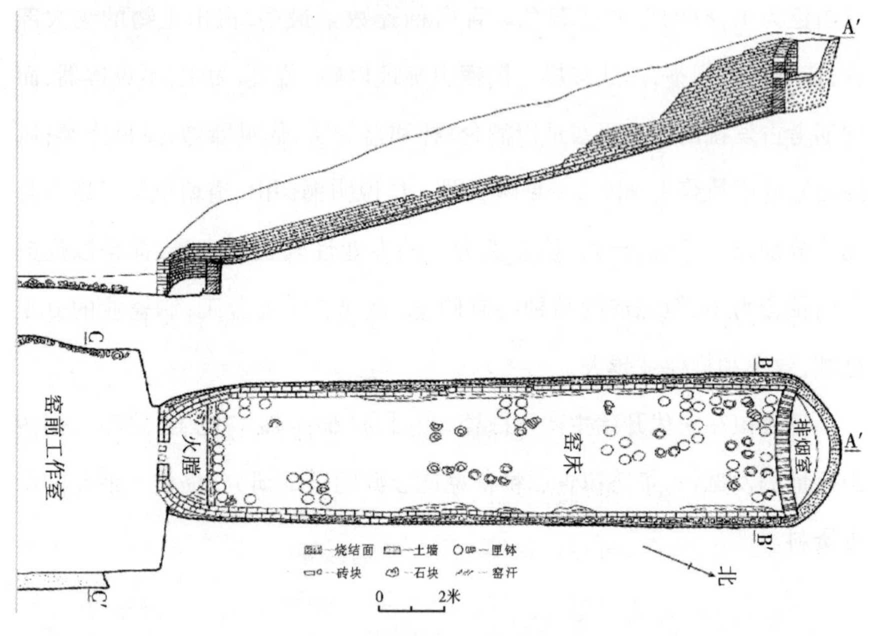

图 1－29　道塘里龙窑示意图

考古揭示出窑炉遗迹 1 处，为龙窑。窑炉顺山势而建，尾上头下。窑炉遗迹由窑前工作室、火门、火膛、窑室、排烟室等几部分组成。龙窑窑室斜长 12.1 米、宽 2.6～2.8 米、残高 0.3～1.65 米。窑壁朝室内一面经窑火高温烧烤形成一层厚约 0.3 厘米的黑绿色烧烤面（窑汗）。窑前工作室位于窑炉的前面，大致呈方形，长约 5 米。工作室地面较平坦，地表留有一层带灰烬的黑灰色踩踏硬面，中部近火门处有一长条形状地面下凹，应是长期踩踏所形成。

窑前工作室南墙外有一条排水暗沟，平面呈“S”形，横断面呈倒梯形，长约5.4米、平面宽0.1～0.6米，暗沟由窑前工作室通向窑炉遗迹外。火门在火膛与窑前工作室之间，呈外八字形，由砖坯平铺叠砌而成，宽0.5、残高0.7米，底部留存两块长方形红砖。

龙窑窑顶不存，推测应是拱形卷顶。窑室底部倾斜，坡度为18°，底部留有一层由沙粒、黄土和匣钵组成的烧结层，窑室最前面留有成排的内装碗类的漏斗状匣钵，窑床后部也留存有多处漏斗状匣钵。窑炉保留有排烟室，位于窑室后方，呈半圆形，排烟室与窑室之间砌有一排砖墙相隔以挡火，残高0.7米，砌有上下两排相距0.2米的排烟孔，每排14个，两侧及后部沿用挖进的山体。

整个发掘区的地层划分为四层，每层厚度在30～40厘米。第一层除匣钵、垫饼，青白瓷较多，主要是酒台、碗、碟、杯、盏等，酱釉瓷较少。第二层含瓷片和匣钵体，有少量青白瓷碗碟、酒台等。第三层出土物件丰富，主要有瓷片和匣钵，匣钵较大且粘连变形，瓷器有青白釉的执壶、圆碗、莲瓣纹碗、酒台、杯、碟，酱釉瓷有盏、碗、碟等。第四层出土物不多，主要是碎窑具和瓷片，瓷片是青白釉的碗、酒台、杯、碟等。

窑址出土的遗物品种丰富，从用途上分为生活用器产品、窑具和工具，其中生活用器产品和窑具占绝大多数，工具少见。从质地上分瓷器、铜器和陶器，瓷器占绝大部分，又可分为青釉瓷器、褐釉瓷器、青白釉瓷器。

青釉瓷器数量较少，种类不多，有执壶、花浇、碾槽、碾轮和扁担形小碟等。执壶的流较短，具有五代的遗风。碾槽和碾轮以前多被当作瓷窑遗址陶工擂釉料的工具，后发现多数是用作日常生活用器，更多的是用作茶器。扁担形小碟是在长条形底板中间置臼形小碟，碟外底刻一凹槽，同类器物在江西南丰窑、吉州窑遗址也有出土，可能与轴顶碗的功能相同，用在辘轳车上起固定转轴的作用，是辘轳车的附属配件。枕与陕西扶风法门寺出土的水晶枕造型相同。

酱釉瓷器数量比青釉瓷器多，种类丰富，有执壶、碗、盏、盘、碟、高足杯及炉等，盘有十瓣花口和圆口两类。

多数学者认为，景德镇的酱黑釉瓷器出现较晚，有的认为是在南宋以后。近年来，湖田窑的考古成果中发现景德镇地区酱黑釉瓷器的生产至少在北宋早期已经开始，而且质量不错。其中执壶的内壁颈、肩交接处有一道接胎痕，有的内壁可见轮旋痕，采用支钉垫烧。盏可明显看到釉厚处呈黑色，釉薄处呈酱褐色。

图 1-30　道塘里窑址出土的青白釉瓷碗、瓷盏

青白釉瓷器数量最多，占出土器物的绝大部分。器物形状多样，有瓶、执壶、花浇、钵、碗、盘、碟、水盂、盏、盏托、酒台、杯、器盖及塑狗、佛像等，是日常生活中的常用器皿，多数为饮食器，也有一些盛贮器、陈设器。

另外有少量的轴顶帽、荡箍等烧窑工具。

碗类造型多样，有圈足、浅圈足之不同，有圆唇、厚唇口、花口、圆口及折腹、弧腹壁之分别，有素面和装饰纹样的区分；延续五代的风格特征，有采用支钉间隔烧造，但数量较前期少，有外底足留有圆形垫饼间隔烧造痕迹，器型有腹部变深、圈足变高的变化。

盘、碟的腹部较浅，分平底和圈足，口沿有敞口、敛口、花口、圆口，腹壁有弧壁和折腹壁。早期的盏腹较浅，采用支钉烧造的五代特征，后期的盏全部采用垫饼烧造，腹变深，腹壁上部内收，圈足也变高，向斗笠盏的方向发展，这与宋代饮茶风俗有关。

图 1－31　道塘里窑址出土的青白釉瓷盘、水盂、酒台

酒台与盏合在一起，称为台盏，其中酒台与盏托的区别为盏托的托台不封口，而酒台的托台是封口的。酒台由托盘和置于盘内底的托台组成，

两者分别制作,然后黏合在一起。圈足有高低之分,托台有高矮之别,托盘底部中间挖有一个小圆孔。

还有水盂、花浇、杯等,形制多样,制作规整,胎体轻薄,胎质细腻。

窑具有匣钵、匣钵盖、垫钵、火照、支钉、垫圈、垫饼及窑柱等。匣钵为黑褐色粗砂胎,可分漏斗状匣钵和圆筒形匣钵。漏斗状匣钵主要装烧碗、盘类圆器,圆筒形匣钵多是装烧琢器类,内留存酒台。火照由废弃或残破的碗、盏、杯类的坯件制作,多数呈不规则的三角形、方形,中间挖一圆孔。间隔具由粗砂黏土制成,因器物底足大小的不同而制成不同形式:一种是用扁平泥条随手捏成的垫圈形,多是支垫执壶、碗、盘类的,另一种是用泥团捏成的圆柱形,多用支垫小圈足器物。窑柱呈紫褐色粗胎,在匣钵间起支撑作用,呈不规则的工字形。

图 1－32　匣钵单件装烧的青白瓷碗

另外,还有石砚台和个别依稀可辨为“熙宁通宝”的铜钱及铜镜出土。

道塘里是以青白釉瓷为主的综合性瓷窑遗址,兼烧青釉和酱釉瓷器。青白釉瓷瓷胎极为规整、精致,胎质细腻,淘洗精细,胎体中所含颗粒较小,多数呈白或灰白色,这应该是采用较好的瓷土原料制作而成。但也有一小部分胎质较为粗糙,不过较青釉瓷来说,仍然是细腻的。器物内满外壁至底或外壁不及底施青白釉,釉面光亮,玻璃质强,外底足无釉露胎。青白釉微泛黄、灰或灰黄色,多数偏灰色,釉面开冰裂纹。器物装饰多素面,纹饰简单,有云气纹、牡丹纹、变形牡丹纹、莲瓣纹、蝴蝶结纹等,以莲瓣纹为主。装饰手法有篦划、刻划、堆贴、捏塑或戳印。

景德镇地区晚唐五代时采取的是裸烧的方式。使用匣钵烧造瓷器最早是在宋初,器物多数采用一件匣钵装烧一件器物仰烧而成,以圆形垫饼或垫圈间隔。道塘里窑大部分的厚唇盏和执壶类采用一件匣钵装烧一件器物仰烧而成,使用3~5个支钉间隔,数量少于前期。

道塘里窑址从地层和器物类型学看,大致分为前、后两期。前期的青白釉碗、盘等圆器的造型特征具有北宋早期的风格,与江西景德镇湖田窑出土的同时期器物特征相同。带花口的盘与内蒙古通辽市奈曼旗出土的辽开泰七年(1018)陈国公主与驸马合葬墓的青白釉缠枝菊花纹花口盘的造型相同,青白釉花浇与彭泽县北宋景德四年(1007)墓出土的青白釉花浇造型相同。出土的铜镜与江西九江县周一娘墓出土的"都省铜坊"镜的造型相同,厚薄一致。

盏中圈足较矮者与江苏南京五代南唐二陵、山西平定北宋佛塔(995)地宫出土的白瓷盏造型相同。盏与景德镇工人新村窑址出土的一件青白釉瓷葵口盏的造型、装烧工艺相同,其装烧工艺不是采用五代的多支钉多件叠烧,而是采用了一件匣钵装烧一件器物支钉仰烧,处在由五代向宋代转变的时期。后期高圈足、口部多作六出花瓣式,器壁呈瓜棱状的青白釉碗是北宋中晚期流行的风格。

道塘里窑址不见于文献记载,在发掘中没有出土相关的绝对纪年资料。从出土遗物看,它具有北宋的时代特征,是景德镇地区早期成功烧造青白釉瓷的窑址之一。

十三、赛宝坦古瓷窑址

1982 年 7 月，景德镇市珠山中路粮食局地段发现了清代康熙早期民窑的堆积，以碗、盘、杯、盏等大路货为主，间有瓶、炉、罐之类的器皿，其中有底书“大清康熙年制”“大清丙午年制”“大清丁未年制”“大清戊申年制”“大清年制”等铭款的残器标本。从干支纪年款和出土层判断，这批窑业堆积属康熙前 20 年的青花产品。

康熙早期，民窑瓷器形制非常讲究，器物规整，厚薄均匀，瓶罐接口不明显，碗、盘、杯、盏类胎轻体薄，造型硬挺劲秀。旋刀极细，器身无跳痕。圈足内壁与底交接处呈圆弧形。足端呈三种形状，中、小型器物足底呈泥鳅背状，大碗、盘类底足平整，还有壁形器足，足部不施釉。

器物胎质细白坚致，工艺水平极高。一般通体施釉，表、里、底釉面匀称一致，薄而光润，白中微泛蛋青色，清亮透明。还有的杯、盏外施豆青釉、霁蓝釉、酱釉、乌金釉，内施白釉青花，其口沿多施紫金釉。

青花发色清丽浅淡，浑水层次一般为三至四层，依层次轻重分块平染，少见晕化现象。器物画面题材丰富，有故事、神话、山水、风情、田园、花木、龙凤、家禽及图案文字装饰。装饰手法由明代晚期民窑的写意形式渐向真实、写实的风格转变，渐变为工笔手法、铁线描形式。款识种类较明晚期增多，有帝王年号款、干支款、仿成化款、堂名款、人名款、寓意款、商标性款，也有常见的八宝、杂宝、兔石一类花押表记。

赛宝坦古民窑遗址的发掘，为划分顺治、康熙两朝民窑青花瓷的特征提供了新资料。

十四、董家坞古瓷窑址

董家坞古瓷窑遗址位于景德镇市珠山区四图里。该窑址分布范围由董家坞至朱家坞上，面积数万平方米，1982 年以来由于在遗存上建房和铺路，堆积层遭到破坏，遗物暴露在地表，比比皆是。

从采集的瓷片来看，董家坞窑址属青花瓷，产品为碗、盘、碟等。从拣选的碗类残片复原看出，碗的造型为撇口墩式和撇口鸡心碗。碗底有釉，均书底款，款识有“大明成化年制”“大明宣德年制（仿制年号）”“大明年制”“万福攸同”“玉堂佳器”“状元及第”等字样，碗心绘一圆圈，圈中书有“福”“寿”“万贵”“善”“博古斋”“白玉帝”“风明月”等字样。碗壁绘有蝴蝶、海马、鱼草、云气、菊瓣、蕉叶、莱菔菜、缠枝莲纹、人物山水、花鸟等纹饰，均随意而成，洒脱自然。瓷胎为白色，胎骨薄而坚致。釉色莹白透青，青花色料素雅清新，浓淡相适，明朗活泼。整个器物的造型装饰，朴实中见清丽。

经考证，董家坞窑址的产品具有明代中期和清代初期的特征，兴烧于明代中叶，终烧于清初。该窑址的产品与湖田窑同时期的产品相比，具有明显的进步，说明随着景德镇城市经济的发展，当时镇区窑场的制瓷技术居于领先地位，并逐步取代了景德镇乡村分散的窑场。它是景德镇明代民窑中具有代表性的窑址之一，对研究景德镇城市发展史、经济史以及明、清两代的制瓷技术具有重要考古价值。

十五、黄老大古瓷窑址

黄老大窑遗址位于景德镇市珠山区珠山街道龙珠阁社区彭家上弄南侧，是清代广泛使用的镇窑。窑炉遗迹位于遗址东侧，可隐约看见残存窑炉护墙，最高处约 80 厘米。目前，窑房及窑棚均已倒塌，仅可见部分窑砖砌筑的外墙。

该窑位于御窑厂附近，对研究景德镇城区镇窑的发展历史及窑炉形制的演变等有重要价值。

图 1－33　黄老大窑遗址

十六、观音岭古瓷窑址

观音岭位于景德镇市珠山区珠山街道莲社路社区。宋初，此地有一观音庙。明末，窑兴，住户增多，形成弄巷，因庙处坡上，故名观音岭。观音岭窑渣护坡墙遗址是由烧窑过程中因窑中匣钵倾倒而叠压粘接所形成的所谓“窑渣”砌成的。在遗迹中，我们可以看见多种瓷器的器型、纹饰，如白釉壶、青花碗、小酒盅、汤匙等，很有特色，经常有中外游客、古陶瓷专家前来参观。

图 1－34　观音岭窑渣护坡墙遗址

该处是明清时期景德镇窑业聚集地，景德镇老城区的中心地带，因地势相对较高，是瓷器窑炉的集中地。由于城市不断拆迁建设，很多窑炉遗址被埋没在房屋的底下，难得一见。

十七、天后宫古瓷窑址

窑弄里位于景德镇珠山区中华南路，长 35 米、宽 1.7 米。因巷内曾有座大型瓷窑，故名窑弄里。窑弄里巷子很短，一眼便能看到尽头，是条断头弄，也就是老百姓所谓的死胡同，中间既没有弯折，也不带间隔，通透、直接。弄里 14 号原来是一座老的窑口，就叫天后窑，是一座典型的清代镇窑，窑炉设于 2 层的窑房内，烟囱伸出房顶，为 300 担柴窑。因为弄里有窑才有了窑弄里的名称。巷口南侧有福建会馆，建筑形式与其他会馆不同，为大型庙宇风格，是福建商人从事海上贸易时，祈求妈祖护佑平安之所,故也称天后宫。只是天后宫已不复存在(曾经改为周路口派出所,现已搬离),天后窑只剩残垣遗址,但窑弄里的名字却一直延续了下来。

天后宫初创于元代,到清康熙年间,已规模宏大,装饰华美,原建筑中轴线纵深达 66 米,包括牌楼、戏台、场院、议事中堂、天后神殿、左右配殿、三尊神殿,两厢酒楼及客房等。天后宫也是福建会馆所在地,地处内陆的景德镇建有供奉妈祖的天后宫,说明与海上丝绸之路有着紧密的联系。明清时期,得益于郑和下西洋带来的商贸繁荣,海上丝绸之路成为景德镇陶瓷远及外洋、风行九域的重要途径。作为海上丝绸之路的主要起点,福建泉州对于景德镇陶瓷而言确有莫大功劳,福建人在景德镇开办一座气势恢宏的福建会馆那是再自然不过的事情。以外贸外销瓷为主的天后窑里烧造的景德镇陶瓷,风格必定有独树一帜的地方,可以推断在海上沉船中打捞出的景德镇瓷器中,一定有天后窑的产品。

十八、方家上弄古瓷窑址

原名"刘家窑",窑主为杨氏。该窑位于珠山区珠山街道龙珠阁社区方家上弄 12 号,由窑房和窑床遗址组成。窑房面阔 20.7 米,进深 60 米,连同窑床面积约 1350 平方米。窑房为二层杂木穿斗抬梁式结构,为了既节省建筑成本,又可满足负重功能,窑房大部分采用弯曲杂木为梁架,柱石明显是拼凑收集而来,形状不一,年代不一。窑床遗址为镇窑蛋形窑,位于窑房的东侧,地势略高于窑房地面,有台阶可上,部分窑炉内壁和护墙残存。外墙为窑砖砌筑,东北和西南各开有大门。2005 年 7 月,方家上弄古瓷窑址被公布为景德镇市第三批市级文物保护单位。

十九、沟沿上古瓷窑址

沟沿上古瓷窑址位于珠山区石狮埠街道太平巷社区沟沿上 9 号、11

号,西连新安巷,建于清代末期。9 号窑名为“程茂林窑”,又因窑下留有一通道供行人过路,故又称“过路窑”。窑宽 20 米,进深 45 米(包括过道宽度),面积 847 平方米。窑主为晚清至民国时期江西都昌籍“烧做两行”制瓷业主杨修芳,承其祖父杨莲炬(烧做二行窑户)产业。如今,9 号改为仓库,屋面尚存。

11 号窑名为“四合窑”,窑主为江西都昌籍业主江义合。窑屋坐东朝西,构架为穿斗结构。窑宽 15 米,进深 36. 3 米,面积 544 平方米;窑房为二层杂木穿斗抬梁式结构。窑床遗址为镇窑蛋形窑形制,与方家上弄古瓷窑相同。11 号为民居,尚保存有部分窑膛残址。

2005 年 7 月 14 日,景德镇市公布沟沿上古瓷窑址为第三批市级文物保护单位。

图 1 - 35　珠山沟沿上弄窑房外景

‖ 昌江区古窑址 ‖

一、丽阳古瓷窑址

悠悠昌江，发端于古代徽州，贯饶州而入鄱湖。千百年来，昌江就是维系沿岸百姓的生命线。昌江在景德镇下游进入昌江区丽阳镇后，河道回环成一个半圆形，河面开阔，水势平缓，形成天然良港。自汉代以后，这里人口密集，宋元时期一度成为饶州名镇。当地流传有“先有丽阳镇，后有景德镇”的说法，被列为全国重点文物保护单位的丽阳古瓷窑就坐落于昌江之滨的丽阳古镇。

图2-1　全国重点文物保护单位——丽阳窑址

丽阳窑址有元代龙窑、明代葫芦窑两座古窑遗迹。这两个遗迹位于丽阳镇彭家村和丽阳村,距镇政府约3千米,昌江河自东向西从古窑址南面流过。此外,据当地传说,丽阳古镇有十八座古窑。在已发掘的古窑遗址附近,还发现有五代瓷窑遗址一处,有待于进一步考古发掘。而当地传说的其他古瓷窑,目前尚未发现。

2005年11月23日,《中国文物报》在显著的位置报道了丽阳古瓷窑发掘的重大成果,丽阳窑址的考古发现被评为"2005年中国考古十大新发现"之一。2006年,当地文物部门对丽阳古镇已发掘出来的元代龙窑、明代葫芦窑,建起了两座面积达1100平方米的保护棚。2007年,《文物》杂志大篇幅刊载了丽阳窑址发掘简报。2012年,文物部门又建成了丽阳古窑展厅,人们可以近距离看到那些曾经长期封存在地下的宝藏。2013年3月,丽阳窑址被评为全国重点文物保护单位。

2005年7月至10月,经国家文物局批准,故宫博物院、江西省文物考古研究所、景德镇陶瓷考古研究所联合组成了一支考古队,进驻丽阳古窑考古现场。这支考古队可谓阵容豪华,它由我国著名古陶瓷鉴定专家、故宫博物院研究员耿宝昌带队,景德镇市著名陶瓷考古专家刘新园等一批国内顶级考古专家共同参加了这次丽阳古窑的考古发掘。考古工作队经过3个月的发掘,获得了重要发现。此次发掘面积约800平方米,发掘出元代龙窑窑炉一座和明代早期的葫芦形窑炉一座;出土了一大批瓷器,有青瓷、青花瓷、仿龙泉釉瓷、仿哥窑瓷等,出土的瓷器器型有碗、盘、高足杯、罐、执壶、盏等。

年届八十高龄的耿宝昌大师,在丽阳古窑的发掘现场还是按捺不住自己如获至宝的那种喜悦:"虽然此次丽阳民窑遗址中挖掘出土的瓷器不是精品物器,但是它却为我们研究整个陶瓷的发展,提供了科学依据。"

经过实地考察,考古专家们确认了丽阳村龙窑遗址内存有大量完整的初烧瓷器遗迹，这一发现在全国尚属首次。

丽阳元末龙窑遗址和以往发现的龙窑相比，具有短而宽的特点。尤其是窑膛、窑口、窑床上有着大量还装在匣钵中叠放整齐的初装瓷，说明这是一座突然被停止烧造的窑炉，或者说是非正常停烧的窑炉。专家们形象地把这种初装瓷称为“一锅夹生饭”。专家们认为，这锅“夹生饭”不仅具有很强的代表性，而且它还可以反映出当时烧造工艺和时代、品种特色，具有较高的研究价值。

丽阳古瓷窑重要的考古价值在于：一、它在揭示具体的瓷窑场的生产品种从青白瓷向青花瓷过渡、何时使用国产钴料烧造青花瓷等方面具有特殊的意义，对揭示元末至明代中期景德镇地区乃至全国瓷业生产的兴衰具有极其重要的作用；二、丽阳明代葫芦形窑炉上承景德镇明初珠山官窑，下接景德镇湖田明代中期葫芦窑的发展脉络，填补了景德镇葫芦形窑炉演变序列的空白，印证了《天工开物》对葫芦形窑制的记载；三、它论证了丽阳古镇在宋元时期是景德镇地区周边相对集中的瓷器生产地；四、它表明已发掘的丽阳古窑突然停止烧造的原因与当时丽阳镇元末明初的一场战火有着密切的关系。根据《饶州府志》等文献记载，元朝末年朱元璋的大将于光曾在丽阳修筑军事城堡。经调查和发掘证实，丽阳古瓷窑就坐落在城墙之内。这两座非自然停烧且未开启的窑炉，成为反映研究该地区元末明初历史事件的重要材料。

丽阳窑址的兴衰，见证了宋元时期丽阳古镇的繁华与衰落。丽阳镇是一个天然的水运码头，是远通安徽、浙江，近达鄱阳、乐平的水上通衢，是方圆数十里的商品集散地，是旧时祁门的木材、浮梁的茶叶、景德镇的瓷器外销的必经之地。唐宋以后，丽阳人在昌江西岸建窑烧造瓷器后，人口逐渐稠密，加之水上交通便利，各业相继兴起，最终发展成为繁华的集镇。

图 2－2　丽阳镇黎氏宗祠

丽阳镇以彭氏、黎氏、史氏为主的宗族兴旺一时，人才辈出，其中北宋状元彭汝砺、重庆知府彭大雅、宋代诗人黎廷瑞、明代理学家余祐、史桂芳等历史名人层出不穷，丽阳因此一度成为饶州名镇。黎廷瑞有言："宋三百年，鄱郡方千里，而王侯之风独见于吾乡。"

丽阳古镇地处昌江之滨，地理位置十分优越，历来为兵家必争之地，是"南北军旅往来之衢"，但元末明初的连年战火使这个千年古镇最终衰败。据《鄱阳县志》等史料记载，明初大将于光在丽阳建城驻守，丽阳镇成为朱元璋挺进鄱阳湖的一个重要据点。此后，于光又把丽阳城墙的砖石运到浮梁，修筑浮梁城墙。所以，我们现在在丽阳古城遗址，难以见到筑城用的砖石。

见证了古镇的繁荣，也经历了元末明初这一场战火的洗礼后，厚厚的黄土覆盖了昔日窑火不熄的丽阳古瓷窑址。

如今，丽阳窑址经过初步发掘并得到保护，其研究成果再现了丽阳古镇陶瓷生产的辉煌历史，也还原了古镇昔日的风采。

二、官庄古瓷窑址

官庄古窑址位于昌江区吕蒙乡官庄行政村官庄老村内。在整个村庄的新老建筑围墙、墙基中,我们可以看到窑砖、瓷瓦、瓷片等窑业遗物,其中以明初大瓦居多。瓦有沟瓦、筒瓦;釉色有绿釉、褐釉、白釉、黄釉等;瓷器主要是碗、杯类,有白釉碗、青釉碗、青釉刻花碗、青花花卉纹碗、青花雨点纹碗等。据村里老人所说,村民围墙瓦是从村东面的孙家垅运来的,过去村里还保留有史家祠堂及多处窑业堆积,20 世纪 70 年代时被毁。在该窑址所处的村子内还有两棵较大的古樟树。

据当地保存的《史氏宗谱》记载,史姓自五代从安徽歙县来浮梁避乱,至宋代始定居此地。其始祖史邈,字守易,宋熙宁庚戌年(1070)进士,任兵部郎中,退居于此。后来,村庄不断扩大,有陈家街、牌头弄等街巷。

图 2-3　昌江官庄村民垒砌围墙的古陶片

三、西河口古瓷窑址

西河口古瓷窑址位于景德镇市昌江区西郊街道人民公园内,西起西河桥头,东至人民公园五凤阁。隶属城建局园林管理处。

遗址共有五个堆积包,东西长 170 米,南北最宽处 148 米,最窄处 46 米,共约 1.08 万平方米。遗址全都遭到不同程度的破坏,其中 2 号堆积破坏严重,遗址上目前盖有水族馆、水塔等建筑物。4 号堆积与 5 号堆积之间,铺设了一条阶梯小道,5 号堆积包上也有数幢建筑物,“五凤阁”就建在其上。1、3、4 号堆积包保存得较为完整,其堆积相当丰厚,可见的遗物有漏斗式匣钵、瓷质垫饼,瓷片以青花为主,偶见青白釉器。青花的发色蓝艳、深暗不一,瓷质也有精、粗之分。器型可见卧足碗、小杯、盖碗、折沿碗、渣胎碗等。纹饰有梵文(变体)、梅纹、莲瓣、如意纹、龟背锦开光、缠枝花卉纹等。烧造时代为清代前期(18 世纪)。

四、旸府滩古瓷窑址

旸府滩古瓷窑址位于景德镇市昌江区西郊街道旸府滩村村口南侧,因当地农民开荒种菜,现已看不到堆积包,只是在河畔和菜地旁可以看到少量零星的匣钵和青花瓷片。旸府滩古瓷窑址出土有漏斗形匣钵和青花花卉纹碗等残片,分布面积约 1500 平方米,初步鉴别属明代产品,对研究景德镇明代窑业有研究价值。

五、蛇山古瓷窑址

丽阳蛇山五代古瓷窑址位于景德镇市西南 21 千米处,处丽阳镇洪家村和港南村之间的蛇山西坡上,面积约 1000 平方米。昌江在此蜿蜒流过,距该窑址东、北、西三侧 1 ~ 2 千米。2005 年 7 月至 11 月,故宫博物院、江西省文物考古研究所和景德镇市考古研究所联合组成的考古队对该窑址进行考察,发现了青瓷残片和支烧具。考古队虽然也发现了一些窑砖,但分布零散无规律,未发现窑炉作坊等遗迹。从当地修建机耕道暴露的断面考察，窑业堆积距地表5厘米，厚度不超过50厘米，黄灰色土中包含有大量的青瓷片，主要有碗、盘、碟、壶等。

碗是该窑的主要产品，灰胎细腻，圆饼状类底略向下凹弧，通体施釉，釉色泛青，有的由于火候的原因泛黄，颜色有深浅之别。器物内底和足沿处的支钉痕迹比较明显。碗高4.6~6.2厘米，口径为13~18厘米，底径5.2~8.3厘米。碗的形制葵口外撇，尖圆唇，斜折腹较深，腹部纵向出筋，圈足，通体施釉。

壶类产品数量较多，个体相对较大，口径12厘米，底径8厘米，高20.4厘米。由于器壁薄，易破碎，所以能复原的较少，多见壶流、把柄、口沿和底部等残片，形制相似。

轴顶帽为覆钵状，平顶，内为下大上小的内空锥状，壁施青釉。顶径7.8厘米，底口径9厘米，高4.6厘米。

支烧具主要为桶形和柱状，大小不一，有轮制和手捏成型，装烧工艺为叠烧法裸烧，支钉隔离。

图2-4　昌江洪家蛇山古瓷窑堆积

蛇山五代古瓷窑址是丽阳地区窑业的早期窑址，其始烧时间与湖田、杨梅亭五代窑址基本一致，器型、釉色和烧造方法相似。该窑址与丽阳元代龙窑遗址、明代葫芦窑一起，构成丽阳区域瓷业发展的承继关系，是昌江边水运条件便捷，烧造时间较长，且与景德镇窑场群相对独立的一处瓷器生产集中地。

浮梁县古窑址

一、兰田古瓷窑遗址

兰田村位于浮梁县湘湖镇，距景德镇市约10千米，村委会驻地李家埠。明初，安徽祁门李氏迁建于此。明末，李家村经济繁荣，往来商船常停泊于村旁，为货物集散商埠，故名之。今村西紧邻江西景光电子有限公司，城镇与乡村仅一墙之隔，市民与村民同处，城镇化程度高，经济活跃，交通便利。这里地处南河边，山势平缓，田畴肥沃，柴薪充裕，又有南河连通昌江，水陆交通便利，具有得天独厚的窑业生产条件。据史书记载，湘湖镇南河流域一带是景德镇早期重要的瓷业中心。历年来考古研究发现，这里分布有30余处晚唐、五代至北宋时期的瓷业遗址。

2012年10月底，经国家文物局批准，北京大学考古文博学院、景德镇陶瓷考古研究所和江西省文物考古研究所组成联合考古队，景德镇民窑博物馆、浮梁县博物馆、景德镇陶瓷学院参与，对景德镇浮梁县兰田古窑址进行主动考古发掘。兰田村的古瓷窑址分布在万窑坞、柏树下、大金坞等处，统称为兰田窑址，发掘工作以万窑坞为主，同时对柏树下窑址进行小规模试掘，对大金坞窑址进行考古调查。考古队在万窑坞窑址清理出有效文化层3层，柏树下窑址清理出有效文化层5层，清理各类遗迹12处，包括窑炉2座、灰坑7个、墓葬1座、水沟2条，出土数以吨计的各时期的瓷器和窑具，湮没在土层中一千多年的瓷窑遗址及其窑业遗存，逐渐展示在世人面前。

图3-1　兰田龙窑所在地万窑坞村

万窑坞瓷窑为龙窑，平面呈长条形，方向北偏西36°。窑炉总长28.7米，宽（内部最宽处）1.9米，残高0.1～0.7米，由窑门、火膛、窑床、窑前工作面四部分组成。窑门位于火膛的南侧。平面为半圆形，长1.3米，宽1.46米，残存深度0.7米。火膛的前端为窑门，窑门口呈“八”字形，与外面的工作面相连，门宽0.7米。门外为窑前工作面，是一个不规则椭圆形的坑，长2.7米，宽2.6米，深0.6米。窑床位于火膛的北部，平面呈长方形。北侧窑尾破坏少许，南北残长25.75米，宽1.7～1.9米。两侧窑壁残存高度0.1～0.45米。底部北高南低呈斜坡状，窑炉的坡度可分为前、中、后三段，前段的坡度为23.5°，中段22°，后段19°。窑床建造是先在原土上挖槽，然后两壁用平砖顺砌，部分地方直接利用基槽的生土壁。

窑炉前部由于经过高温烧烤，内壁形成了一层厚度为6～12厘米厚的青灰色烧结层，外部为10～20厘米的红烧土层，两壁有用砖砌的修补痕迹,表明此窑使用年限较长。窑床的底部铺放了一层厚度为 5 ~ 15 厘米的粗砂层,使垫柱等窑具得以平放。窑壁的中后部发现两处疑似窑门,宽度约 0. 6 米。在窑床前部完整地保存了支垫器物的窑柱,器物柱分布十分密集,可以推断该窑从停烧到倒坍废弃,相隔时间不长,窑内生产现场没有被破坏,这对了解当时的装窑量提供了不可多得的重要资料。兰田窑两个侧窑门之间,侧窑门和正窑门挡火墙后方的窑床上保存了密集的窑柱,而在窑炉后部窑壁残毁部分,也零散地分布着一些窑柱。从保存的情况来看,兰田窑后半部几乎没有被利用,实际利用的空间只有 2/5,那么建造这么长窑炉的目的,或许只是为了利用坡度增加抽力,获得更高的窑温。

通过考古发掘,万窑坞瓷窑内出土了一批晚唐、五代时期的遗物。瓷器主要有 3 类,即青绿釉瓷,青灰釉瓷和白釉、青白釉瓷。出土器物的种类丰富,除了常见的碗、盘、执壶、罐等器物,还发现了一些十分罕见的器物,有些在景德镇古代窑址中首次发现,如腰鼓、茶槽子、茶碾子、瓷杈、瓷网坠等。同时,瓷窑中还出土了不同种类的窑具,其中带有"周""生""申""大""元""和""中"等文字款的数百件。

大金坞窑址的遗物比较单一,以青釉为主,少见酱釉器物;器型较大,以饼足器为主,少量有圈足器,足底有 4 ~ 6 个支钉痕,在窑柱上直接摆放支钉裸烧;发现有少量垫饼、垫圈。

万窑坞窑炉长度较乐平南窑明显变短,包括尾部残毁的部分应该不超过 30 米,但坡度明显增大。南窑的长度为 78. 8 米,坡度为前部 10°、后部 13°,为前缓后陡;万窑坞为前陡后缓,从前向后依次为 23. 5°、22°、19°,大体两倍于南窑窑炉。以资借鉴的是浮梁盈田凤凰山窑址,其长度为 15. 75 米,主体部分的坡度为 23°。这三座窑炉烧造的产品并不一样:南窑全部是青瓷;万窑坞是青瓷与白瓷混烧;凤凰山以白瓷和青白瓷为主。由

图 3-2　兰田龙窑保护房外景

此可见，浮梁区域早期窑炉的这种变化趋势十分明显，是为了适应产品种类变化而发生的窑炉形制的改变。龙窑的总体变化趋势就是从长变短，坡度从平缓变陡。

兰田窑出土器物可分为五期。第一期以大金坞窑址遗存为代表，产品以青釉器物为主，少见酱釉器物。器型较大，少见小巧精致物件。以饼足为主，少量圈足器，足底有 4～6 个支钉痕，在窑柱上直接摆放支钉裸烧。时间可早至中、晚唐。

第二期以万窑坞第一组地层的器物为代表，出土物非常丰富，代表了兰田窑早期产品的概貌。出土器物中青绿釉占 85.7%，其他器类仅占 14.3%（青灰釉器占 9.7%，白釉器占 4.6%）。典型器物主要是青绿釉唇口碗、折腹盘、壶、器盖及方盒等。青灰釉器比例较第一期增加，胎体变薄、胎质紧致，以碗为主。第二期中新出现白釉器，釉面透明光润，以盏为主,开始采用匣钵或单体支钉烧造,但裸烧仍占主导地位。

第三期以万窑坞第二组地层的器物为代表,窑业遗存最丰富且不乏精品。青绿釉器占76.5%,白釉器占15.6%,青灰釉器仍占7.9%。碗的比例下降,壶、盏、罐、钵比例上升,青灰釉器物数量及种类达到了顶峰,胎釉更细腻,质量进一步提高。窑具中漏斗形匣钵数量猛增,与窑柱比例相当,表明这个时期匣钵装烧数量超过裸烧,器物质量普遍提高。烧造年代为唐末五代初。

第四期以万窑坞第三组地层的器物为代表,总量较第三期减少,青绿釉器物所占百分比降至60%,白釉器物增加至20.3%,青灰釉器物上升至19.7%。在青绿釉器物中,碗仍然是最重要的产品,壶的比例大大增加。窑具中漏斗形匣钵比例明显高于垫柱,支垫具和垫钵大幅减少,表明匣钵装烧已经逐步替代裸烧,器物质量继续提高。烧造年代当为较为繁盛的五代中后期。

第五期以万窑坞第四组地层的器物为代表,青绿釉器物所占的百分百下降至54.7%,青灰釉器物和白釉器物所占比例分别增加到23.1%和22.2%,其中罐的比例增加到顶峰。白釉器物胎色洁白、胎质细腻透明,釉面光润无杂质,胎釉质量也在本期达到顶峰,产品仍以碗、盘为主。烧造时间在北宋早期,为该窑场终烧时期。

对青绿釉、青灰釉、白釉三类器物的胎釉特征、制作工艺和器物造型的考察显示,这三种产品分别受到江西洪州窑、浙江越窑和北方地区白瓷生产技术的影响,也有少量长沙窑的工艺特征。特别是万窑坞精致的白瓷产品,从造型的相似,釉水莹白均净,胎体利坯加工所达到的薄度等方面,都与定窑的同期产品十分相似。在所有的工艺来源中,越窑对万窑坞的影响更为深刻,该研究对景德镇制瓷业产生的历史背景和工艺来源提供了新的认识。

万窑坞遗址所有文化层都同时出土青绿釉瓷器、青灰釉瓷器和白釉、青白釉瓷器，按照器物的精粗程度采用不同的装烧方法，表明这种同出的器物不是偶然的现象，而是当时同时烧造的缘故。以往学术界认为这三种器物有发展的先后承继关系，但这次发掘证明其是同时生产，并延续了较长时间，白瓷的出现可以提早至晚唐时期。这一发现将景德镇制瓷业的起始时间向前推了百余年，并改写了“南青北白”的说法。景德镇不但是青瓷制作中心，而且是当时精细白瓷的江南制瓷中心，这对于探讨南方地区白瓷的起源具有重大意义。

清道光版《浮梁县志》载：新平治陶，始于汉世。新平镇是景德镇最早的名称，从汉代（前206—220）开始制造陶瓷。学术界一直认为景德镇这一时期烧造的大抵属于早期瓷器，粗糙厚实，瓷质不纯。《景德镇陶录》也描述这个时期的瓷器“器质甚粗，体甚厚，釉色淡黄而糙，或微黑。碗中心及底足皆无釉，盖其入窑时，必数碗叠装一匣烧，故也”。直到唐武德年间，新平镇瓷器才名扬于世，清道光版《浮梁县志》载：唐武德二年（619），镇民陶玉者载瓷入关中，称假玉器，且贡于朝，于是昌南镇瓷名天下。霍仲初，新平东山里人，“其所造瓷器甚美，色亦素，土墡腻，质薄，佳者莹缜如玉”，时称“霍窑”。唐武德四年（621），霍仲初、陶玉被诏制瓷进御。

兰田唐窑成为古浮梁地区发现最早、保存最完好的窑炉遗址，填补了窑炉发展最早形态的空白。与乐平南窑、昌江丽阳龙窑的考古发现不同，兰田窑是在景德镇早期制瓷核心窑场区取得的实物证据，而且兰田窑遗存丰富、时间跨度大，是制瓷业较为成熟时期和鼎盛时期的产物，证明了景德镇瓷业从唐代就是以生产青白瓷和白瓷为主，印证了唐代大文豪柳宗元在元和八年（813）为饶州刺史元崔进奉瓷器所做《代人进瓷器状》的记载，也为研究9—10世纪景德镇湘湖地区瓷业生产提供了可靠的实物参照资料和时间断代标尺。

二、白虎湾古瓷窑遗址

白虎湾村(又称石虎湾)位于浮梁县湘湖镇,在黄泥头村与湘湖村之间。明末,符氏从南丰迁此建村,因村坐落在白虎形小溪湾部而得名。这里地处景德镇昌江支流南河的下游,瓷土、松柴资源丰富,水运条件便利,拥有良好的瓷业生产要素,是景德镇唐宋时期的主要瓷器生产地,留下了许多瓷窑遗址和窑业堆积。

白虎湾地区古瓷窑遗址规模宏大,相传唐宋时期这里有32窑,瓷器烧造盛极一时。在渡槽、小麦坞、老虎床、白虎湾、南门坞、羊里坞口、匣钵墩等地发现窑业遗存13处,面积达3万平方米,为景德镇五代至宋代初期的陶瓷生产地。村南的公路边就是以南宋陶瓷残片堆积物为主的遗址,共有三处,堆积总面积共约1万平方米,保存完好,受到国内外陶瓷专家的关注。

渡槽遗存在白虎湾村北约400米处,渡槽由东北向西南穿过堆积层。东南为稻田,遗物倚山坡堆积,东西约30米,南北50米,高8米。遗存可分为三层:上层为影青瓷;中层除白瓷,尚有青瓷,两类瓷器形制相同;底层皆为青瓷。器型有盘、碗、洗等,因修建渡槽,部分遗存已被破坏;小麦坞、老虎床遗存在白虎湾村北约500米,遗物由西向东倚山坡堆积,面积约300平方米;白虎湾1—6号遗存在村东南侧约400米一带,南临南河约250米。彼此相邻的堆积层有几处,分布面积达1万平方米:白虎岭遗存在村西侧,相距百米,有两个较大的堆积层,面积分别为1600平方米和7500平方米,厚度一般为0.3~1米;南门坞、羊里坞口遗存在村东北约350米处,遗存由南向北倚山坡堆积,保存完好,东西约23米,南北约23米;匣钵墩遗存在村西侧,北与小麦坞口相望,堆积面积约1300平方米。

图 3-3　白虎湾窑业堆积

白虎湾古瓷窑遗址群未经考古发掘。从 1986 年进行调查采集的瓷片标本看,青瓷比白瓷丰富,而影青瓷则比青瓷丰富。青瓷胎骨一般较厚,盘类一般稍薄,均呈灰色。釉层极薄,微带黄,釉面有极细的纹片。产品有碗、盘、洗等。碗、盘类形制与湖田窑出土的五代青瓷碗、盘相似,但盘类有稍许不同,盘底宽边,宽边上有支烧痕迹,盘心亦有敲去支烧物的痕迹,底心有釉。白瓷片和青瓷片是夹杂叠压在一起的,为同期烧造,而非前后不同时期产品。白瓷胎土纯白,釉色白度好,影青瓷碗为大宗产品。其次有盘、壶、高足杯等。装饰中极少见刻印花纹,仅内壁有简单的篦纹。壶的形制和湖田窑宋代影青瓜棱壶造型相似。从白虎湾窑址群出土的窑具分析,青瓷和白瓷是采用垫柱支钉叠烧法装烧,影青瓷是采用匣钵与垫饼仰烧。青瓷和白瓷的特征与五代相似,影青瓷则与北宋的影青瓷相似。因此可以推断,该窑址始烧于唐代,盛烧于五代至北宋时期。

图 3－4　村民在窑业堆积上建新房

20 世纪 80 年代，景德镇市昌河机械厂职工徐恒君在白虎湾购到当地农民盖香菇棚时挖出的一件青釉瓷碾，碾呈船形，中间碾槽为月牙形，高 6. 8 厘米，残长 12 厘米（全长约 25 厘米），宽 6 厘米。青釉似蟹壳青色，开细片，釉不及底。左边刻有行书"大和五年"（831）铭文；右边一直线、一曲线相间成二组。这件青釉瓷碾的出土，佐证了景德镇在唐代就已经开始烧造瓷器。

白虎湾瓷窑群规模宏大，烧造时间早，延续时间长，是景德镇唐宋时期主要窑业聚集地之一。清代《景德镇陶录》载：（景德镇）水土宜陶。白虎湾大规模的窑业烧造，是制瓷原料、燃料等资源就近可取，交通运输方便等生产条件优越的结果。宋末，窑业向昌江边迁移，外来窑工也随之迁离。直到明末白虎湾才始建村落，这也印证了清代沈嘉征《窑民行》中所描写的"景德产佳瓷，产瓷不产手，工匠八方来，器成天下走"，各地瓷业工匠聚集景德镇的盛景。

千年轮回。21 世纪初，景德镇吸引了世界各地的艺术家来此学习、交流、研究、创作，形成人数逾万的外来聚居群落，这一社会现象被业界称为“景漂”。和当年的“工匠八方来”不同，那时的工匠聚集景德镇是因为中原战乱，景德镇安宁且“水土宜陶”，陶瓷专业人口迁徙反映的是经济现象；现在的“景漂”更多是因艺术交流而聚，反映的是文化现象。景德镇是一线艺术家施展才华的天堂，也是草根一族实现创业梦想的土地，在历史的视野下，已经获得“世界手工艺与民间艺术之都”身份的景德镇，为聚集于此的海内外“景漂”一族提供了一个激发灵感与实现梦想的空间。

三、进坑古瓷窑遗址

进坑位于浮梁县湘湖镇西南面，景（德镇）涌（山）公路东侧。清澈的小溪绕村而过，古人称溪为坑，故名近坑，后改为进坑。这里群山环抱，田畴平坦，阡陌交通，鸡犬相闻，村落依山而建，仿佛世外桃源。千百年来，村民过着平静的农耕生活。这里距景德镇市中心 10 千米，村里老人也说，这里生产过瓷器，有很多窑，但他们不知道这里曾经是景德镇优良的瓷土产地，是景德镇南河流域重要的瓷窑聚集地。

南宋蒋祈在《陶记》中载：“进坑石泥，制之精巧，湖坑、岭背、界田之所产已为次矣。”这句话的意思是说进坑所产的石泥比湖坑、岭背、界田三处所产要好，但是进坑在什么地方，一直没有人去考证。2014 年 6 月 12 日，景德镇陶瓷学院教师、古陶瓷学者黄薇夫妇，偶然获悉景德镇有个叫“进坑”的地方，和《陶记》中的进坑同名，立刻引起他们的关注。带着疑惑，二人找到浮梁县湘湖镇进坑村，原以为是条山沟，没想到是一个环山的小盆地，一个美丽的田园山村。更没有想到的是，二人刚进村就发现路旁清澈的小溪中，到处都是瓷片、匣钵残片，这些在村里俯拾即是的窑业遗物，被黄薇一眼就看出产自宋代,预示着这里曾经有过规模宏大的瓷业生产历史。

在考古调查中,有位 81 岁的老人说:“古时候这里到处是窑。听老一辈人说,我们村有一种泥土,烧造的瓷器相当不错。因为当时村里山头多,木材多,有水道,泥土也好,所以人气很旺……听老辈讲,进坑村原来姓汪的大家族有 3000 多人,姓何的也有约 800 人。”73 岁的胡松泉老人接过话头,指着远处一个地方说:“那里有处叫仓坞的地方,据说因为当时居住在那里的人多,所以建了粮仓为大家供应粮食。还有油榨坞等其他一些副业场所,都是为来此开窑的人服务的。”可想而知,当时进坑村是个多么繁华的地方。

黄薇夫妇经过 4 个月的考察,在村民的帮助下,在进坑村百业坞找到瓷石矿洞,根据洞口构造和散落瓷石,经相关单位和学者对矿址进行考察

图 3－5　进坑瓷石矿脉上的现代瓷石矿

鉴定,认为是目前景德镇首次发现的五代瓷石矿洞遗址,并且保持完整的原生态。在矿洞周围500米范围内还发现有宋元窑址20余处,主要有百业坞五代矿石洞遗址和五代、北宋窑址,油榨坞窑址,国山下龙窑遗址,仓坞龙窑遗址,双河口窑址以及汪家村古窑址等。仓坞窑址上可以看到排烟孔和窑壁,但它的形态与现在大家熟知的龙窑并不完全一致,它虽然依山而建,但显得更为短小。窑业堆积上的瓷片为青白瓷,为景德镇北宋中后期的制瓷水平。

双河口古窑址面积约3000平方米,遗存器物丰富,胎质细腻,釉色透明,纹样以半刀泥牡丹、卷草、海水纹最有特色,采用一器一匣仰烧方法。主要有壶、碗、盘、盏等,壶类较精,尤其以瓜棱壶最佳。经考察判断,该窑址年代为北宋时期,为研究宋代以前景德镇以原料产地建窑生产的瓷业布局及产品特征提供了丰富的实物资料。

汪家村古瓷窑址位于山后,窑址面积约有1000平方米。窑址堆积主要为影青器物,以碗、盘类为主,胎质偏白,釉色偏青,器物有简单的装饰纹样,以一器一匣仰烧。根据以上特征,我们判断窑址时代上限为北宋早、中期。

在进坑坞上游2千米的山涧旁发现有一处规模较大的古水碓遗址,大小不同的瓷土淘洗坑保存完整。据调查,进坑有16座水碓遗址,并且都保存完好。连接水碓的山道岩石上留有独轮车碾出的凹槽,说明当初有很大的运输量。进坑的瓷石蕴藏丰富,在古矿山的另一面,一座现代瓷石矿正在开采。

清人蓝浦所著《景德镇陶录》载:“(景德镇)水土宜陶,陈以来土人多业此。”进坑便是一个典型的水土宜陶之地,拥有完整的瓷土开采、加工,瓷器制作、烧造的生产体系。1972—1977年,景德镇湖田古瓷窑址考古发掘中,考古队发现在宋代窑业遗存中刻有“进坑”“下项泥”“郑家泥”的影

图 3－6　进坑水碓

青碗残片，经景德镇陶研所对“进坑”等瓷片进行测试，其化学成分与进坑瓷石相近，证明进坑瓷土还供应景德镇的大型窑场。在古代，烧造瓷器的松柴用量很大，古瓷窑都建在山脚下，一个山头的松树砍光了就换一个山坞建窑，所以都是“窑跟着柴走”，有柴的地方就有窑。进坑广阔的山场为大规模、长时间的瓷器烧造提供了燃料基础。

进坑瓷石矿洞及窑址的发现，填补和完善了景德镇五代以来制瓷业体系，对景德镇镇申报世界文化遗产具有重要意义。2014 年 10 月 22 日，景德镇国际陶瓷博览会期间，景德镇陶瓷学院国际学术报告厅召开了为期三天的“蒋祈《陶记》暨景德镇宋元窑业国际学术研讨会”，进坑村被列为分会场。英国维多利亚和阿尔伯特博物馆前东方部主任、英国东方陶瓷学会前会长柯玫瑰，香港中文大学文物馆馆长林业强，北京大学考古文博学院教授徐天进等国内外 50 余家博物馆、考古研究所的 100 余位专家学者到进坑古矿洞、古窑址进行实地考察，在进坑村古瓷片标本展示厅进行参观，开展学术交流，进坑也随之名扬世界，引起陶瓷历史文化研究人士的关注。

四、湘湖街古瓷窑遗址

浮梁县湘湖镇地处瓷都景德镇的东大门，境内山川秀美，土地肥沃，盛产水稻，素有“米粮川”之称。当地蕴藏大量的无烟煤、石灰石、瓷釉石等矿产资源。境内为丘陵地带，东北山势较高，多在海拔 300～500 米，最高峰铜钱尖海拔 746 米。南北分别为历水、南河谷地，村落多散布在两河中、下游。全镇森林覆盖率达 71%，拥有多处风景点，是市民观光、休闲、度假的好去处。

镇政府所在地湘湖村又称湘湖街。“唐中期，宁氏从安徽青阳迁此建居，因地域开阔，四面环山，山水四溢，荡为一壑，汇集两河（历降水、小南河），古木参天，绿树成荫，河水清澈，素有湘山湖水之美。”北宋时期，湘湖因制瓷业发达，成为景婺交通要道上的重要商贸街市，是浮梁县四大古街之一，称“湘湖街”（《景德镇市地名志》）。湘湖街临南河，有上、中、下三个码头，古代的瓷器、瓷土、烧瓷松柴、粮食等货物在这里装船水运。人流、物流带动了湘湖街的繁荣，一条长条麻石板铺就的街面，长 1 千米，两头街口建有石牌楼，街中段有 7 座进士牌坊，木质牌坊已销蚀在岁月的风雨中，石头牌坊也已经成断壁残垣。街两边都是老店铺，虽然现在改建了不少，剩下的也没有几家在做生意，但一家家闭着门板的店铺仍保留着原始风貌，凝固了曾经繁华的历史。

湘湖一带有丰富的瓷土资源，是景德镇早期的瓷器产地。晚唐至宋代，南河两岸瓷窑、水碓众多，产业规模宏大，在湘湖街周边留下了许多窑业遗址，遗存有大量的窑具、瓷片，集中分布在内傍坞、窑前山、桥头、栏窑山、牛栏头 5 处。

内傍坞在村北 300 米处，遗存有 3 处，堆积面约 2500 平方米。遗物一处由东向西，另两处由南向北，倚山坡堆积，瓷片为五代灰胎青釉、白胎白釉影青瓷碗、盘残器。窑前山在村北约 450 米处，遗物由东向西依山坡堆积,东西长50米,南北长35米。山坡下古瓷片甚多,瓷片主要是五代灰胎青釉和白胎白釉瓷残器。桥头在村东南侧,遗存东西长约50米,南北长约45米,堆积厚度0.5~0.7米,瓷片为五代灰胎青瓷和白胎白釉残器。栏窑山在村南折西,遗存面积约400平方米。出土瓷片有釉色均匀洁净,胎骨细腻洁白,被称为"粉定器"的残器,均为宋代遗物。牛栏头在村东侧,遗存距南河100米,面积达1300平方米。瓷片有灰胎青釉、白胎白釉和影青瓷残器。

湘湖街窑址群中出土的器物主要有五代灰胎青釉大圈足碗与白胎白釉大圈足碗,碗底心均有支烧痕迹。青瓷胎质细腻,釉色光泽明亮。白瓷胎骨洁白纯细,釉白纯正。另有北宋影青高圈足碗和北宋影青花口折腰盘,前者胎骨细密坚致,釉色白中泛青,润泽透明,纹饰为划花牡丹;后者则无纹饰。

文物部门在考古调查中尚未发现窑炉遗存。从出土窑具和器物分析,其装烧形式五代为支钉装烧,宋代为一器一匣仰烧和支圈覆烧。从宋代遗存的堆积状况判断,湘湖街窑址群可能使用长形阶梯龙窑烧造瓷器。

湘湖街瓷窑兴烧于五代,终烧于南宋,集中反映了景德镇五代、北宋、南宋三个时期制瓷技术与烧造过程,是一个规模较大的窑场。《景德镇陶录》载:"镇东南20里外有湘湖市,宋时亦陶,土埇埴,其体亦薄,有米色、粉青二色。蒋《记》云,'器雅而泽',在当时不足珍。然唐公《陶成纪事》则曰:'厂仿米色、粉青宋釉二种,得于湘湖故窑款色,盖其地村市尚寥落有存窑址,自明已圮。'"该窑址与文献记载基本一致,对景德镇明、清时期制瓷技术产生过一定影响。

在湘湖街的上游灵安村有凤凰嘴、粘坡两处瓷土矿遗址。该矿址是现在的浮南瓷土矿脉西南沿线的一个重要的古代矿址,开采于北宋中期,明、清时期达到极盛,现依然留存有十余处古代开矿遗迹。

南河两侧水碓、窑炉都湮没在草莽树丛里,或荡平在农田建设中。湘湖窑址群的内傍坞遗存已被破坏,窑前山、桥头、牛栏头、栏窑山遗存亦遭到不同程度的破坏。湘湖老街清静了,两边古老的店面慢慢被新的楼房取代,繁盛的制瓷历史已经随着岁月的流逝而渐渐淡去,把荣耀交给了500 米外并行的湘湖新街,交给了 10 千米外昌江边崛起的景德镇。

今天的湘湖镇,据守着瓷都景德镇的东大门,享有省道、高速公路、铁路交通之便捷,是景德镇地区的工业重镇、粮食大镇、经济强镇。在这片古代瓷业圣地上,中国陶瓷的最高学府——景德镇陶瓷大学在此拔地而起,皇窑等现代陶瓷企业也在此落户,几百年前繁华的浮梁东市也重新开张,瓷业在新的起点上继续书写着湘湖的繁荣与辉煌。

五、塘下古瓷窑遗址

塘下村隶属浮梁县湘湖镇,东侧和南侧邻近南河,北侧毗邻景婺公路。北宋时期,这里是景德镇著名的瓷窑聚集区,瓷业兴隆,窑炉棋布,后因窑户迁走而成为废墟。此地有制匣钵的优质黏土,由于烧瓷需要大量取土制钵,竟挖出了金家塘、程家塘、锅底塘 3 个巨大的水塘,面积有 5000 平方米。明末,余氏自建昌迁此建村,因村子地处水塘下方而名塘下。

塘下村有景德镇宋代重要的窑址群,留存有窑业堆积数十个,现保存较好的有 5 处,分别在坳上、塘下、王同岭、吴家坞、谢家坞等地,分布面积达 65 万平方米。

坳上遗存在塘下村北面约 250 米处,遗物堆积东西长约 10 米,南北长约 10 米,厚度约 0. 3 米,遗物堆积只有一层。产品为碗、盘两种,皆为灰胎青釉瓷,装烧形式采用的是支钉叠烧法,从每件产品的圈足和留在垫上的几个高岭土质的支钉来看,属五代遗存。

图3－7　塘下匣钵土矿遗址

塘下村内遗址东西长约90米，南北长约650米，堆积上层为覆烧青瓷碗，下层为影青瓷。产品有圈足唇口大碗、假圈足内壁篦纹碗、平足大碗、大圈足敛口盘、双系壶等，胎质洁白细腻，釉色淡青或青绿。青釉瓷仅发现碗类，皆芒口，平足或实足，有的内壁刻有花卉，外壁有剔地凸起的竹叶状纹，碗口沿呈火石红。从装烧形式和器物特征来看，影青瓷为宋早、中期的产品，青釉瓷为宋后期至元初的产品，青釉瓷叠压在影青瓷之上。

王同岭遗存在塘下村北约100米处，东西约33米，南北约30米。瓷片有高圈足唇合大碗、大足碗、大足折腰花口盘，均为影青釉，白胎，釉面有细冰裂纹，无装饰纹样，装烧形式为单烧，应属北宋遗存。

吴家坞遗存在塘下村北约150米处，南北约50米，东西约30米，通高14米。瓷片为白胎影青瓷，产品为碗类，有圈足大小碗、大足唇口碗等。窑具有匣钵、环形或饼状垫饼，当为北宋遗存。

图3-8 塘下窑业堆积

谢家坞遗存在塘下村北约200米,南距公路180米。遗物由南向北倚山堆积,大部分堆积浸入水塘,东西长约60米,南北约55米,通高达4米。瓷片有支钉装烧青瓷与白瓷圈足唇口大碗、影青釉圈足瓜棱花口大碗,为五代至北宋遗存。

20世纪70年代以后,因为这里紧邻部队营区,所以没有被破坏。但近年来随着部队迁走,古窑址有多处被盗挖,露出一片片匣钵、瓷片,山坡上伤痕累累,满目疮痍。

综上所述,塘下宋代瓷窑兴烧于五代,终烧于宋末元初。瓷窑属于当时普遍使用的龙窑,根据遗址中还有少量青花瓷片分析,在元代以后,这里可能有小规模的烧造。

在水塘东南面茂密的灌木丛里,有几十座古墓,墓葬简陋,但也不像是同一时间集中埋葬。古墓曾经被盗挖过,发现里面一般只有几件民窑青花日用瓷器，价值不大。但村里人肯定地说这不是他们村的祖坟，查阅当地史志书籍，这里没有发现重大兵事记载，可以推测这是外地瓷业工人的墓地。

宋代，南河下游窑业兴盛，形成“村村陶埏、处处窑火”的景象。至明代，南河流域的窑业逐渐衰落，昌江东岸的景德镇瓷业得高岭土之利而迅速崛起，窑户也迁往景德镇，留下规模巨大的窑业废墟。明末，余氏才从建昌迁此建村，成为当地从事农耕的原住民，他们并不从事瓷业。工匠八方来，匠随窑业走，或许就是一千多年前中国工业人口迁徙的原始样本。

六、盈田古瓷窑遗址

南河，是景德镇母亲河昌江的支流，在景德镇老城区西南汇入昌江。南河发源于著名枫叶拍摄地婺源县的石城村，流经文化古村长溪，在大山中几经曲折蜿蜒，进入浮梁县前程村、北安村。清澈的河水滋润着两岸十几个村庄，孕育了景德镇的瓷业文明。

在南河下游的两岸，聚集了景德镇最早的瓷器烧造窑场群。河水既是陶瓷原料加工的动力，又是陶瓷原料、燃料、产品运输的载体。唐代，当景德镇还是昌江边一个小渔村时，这一带已经开始了瓷器烧造，南河两岸留下许多瓷窑遗址、窑业堆积，盈田村古瓷窑址就是其中之一。

盈田村隶属浮梁县湘湖镇，位于南河南侧的河洲上，离景德镇市东10千米。明初，徐氏从乐平迁此建村，相传此地有回龙望祖之形，人丁兴旺，其意“赢”，谐音称盈田。这里是宋代景德镇地区主烧青白瓷的重要窑场之一。20世纪80年代初第二次全国文物普查时，景德镇的文物工作者发现盈田古瓷窑址，在盈田周围有14处窑业遗存，分布在盈田村及附近的山脚下和花儿滩3个自然村。

盈田村有2处窑业遗存。大山坞口遗存堆积在村南约750米，东西长约125米，南北长约25米；蛇家坞口遗存在村东南350米，堆积面积10400平方米。两处遗存中出土的瓷片均为白胎影青瓷，产品主要是青白釉的大、小碗，器型特征为圈足或假圈足，撇口或唇口，弧壁，有的内壁有简单的篦纹。胎质均细腻洁白，釉层薄而透明，多闪黄或泛白。

图3-9 浮梁盈田窑业遗存堆积

山脚下村在盈田村南约1千米，村内的窑业遗存2处，堆积面积分别为2000平方米和700平方米。出土的瓷片为白胎影青瓷，产品为碗、壶两类，壶有双系或瓜棱式。村南侧口坑坞遗存，面积约700平方米，有高圈足大碗，但壶类为多。村西南凤凰山有遗存3处，堆积面积分别为800平方米、3700平方米和1万平方米。2006年，江西省考古研究所和景德镇民窑博物馆在此发掘，出土遗存主要是各式碗、壶残器，是宋代景德镇典型的青白瓷釉色。

花儿滩村在盈田村西南约500米，附近有窑业遗存8处，分别在倒须坞、狮子山和村内,总面积达600平方米。村内南侧的一处遗存较大,堆积的瓷片有青瓷、白瓷和影青瓷,其他遗存中是清一色的影青瓷。从采集的器物残片来看,青瓷和白瓷的器物为碗、盘,两种瓷的器物造型一致,属同时期的产品。青瓷胎体浑厚,质地粗糙。白瓷胎体略薄,胎质纯白细腻,釉面光洁纯白。影青瓷的产品为碗、盘、壶等,其中的产品以壶较精细,尤以瓜棱式壶最佳,胎质细腻,釉色青白透明,器身比其他窑址的稍细巧秀丽。

盈田古瓷窑遗址影青瓷的胎釉质地基本相似,器物造型除大小各异,亦无较大差异,可以确认为同一时期的产品。考察该窑址的装烧工艺可知,窑的形制为长条形龙窑,青瓷和白瓷均采用支钉选烧法装烧,影青瓷均采用一器一匣仰烧法装烧,这与景德镇各窑址中五代和北宋的装烧形式一致。据考证推断,该窑址最早兴烧于五代,大规模的烧造在北宋时期。该窑址未发现优质的影青瓷,产品逊色于湖田窑影青瓷,该窑场在北宋后期逐渐衰落直至终烧。与湖田窑一样,该窑行业分工细致,专业化程度高,是主要烧造壶类瓷器的窑场。

七、凤凰山古瓷窑遗址

山脚下村隶属浮梁县湘湖镇盈田村委会。明初,宁氏从安徽青阳迁徙至此,建村山脚下而名。村西南侧凤凰山的西北山坡上发现一座古瓷窑址,其西北300米是南河,东北侧1千米是盈田古瓷窑址,西南与窑坞山相连,东南为凤凰山主峰,西北面1千米为塘下古瓷窑址,稍远处是白虎湾窑址,西侧3千米有黄泥头窑址。这一带沿南河两岸窑址众多,水上交通便利,地处丘陵山区,柴草充裕,靠近瓷土产地——进坑瓷土矿,资源丰富,具有大规模烧造瓷器的优越条件。20世纪80年代初第二次全国文物普查时，景德镇的文物工作者发现盈田村一带的窑址群，当时在山脚下村附近发现6处窑业遗存，其中村内2处、口坑坞1处、凤凰山3处，是宋代景德镇地区主烧青白瓷的重要窑场。目前，窑址相比较20世纪80年代已经遭到较严重的破坏，村内遗存荡然无存，口坑坞和凤凰山窑址的分布面积大为缩小，凤凰山窑址只存有1处堆积，在5000平方米的山坡上可见散布的残瓷碎片及窑具，窑业堆积依然十分丰富，地表可见执壶、碗等瓷器标本及匣钵、垫饼等窑具标本。

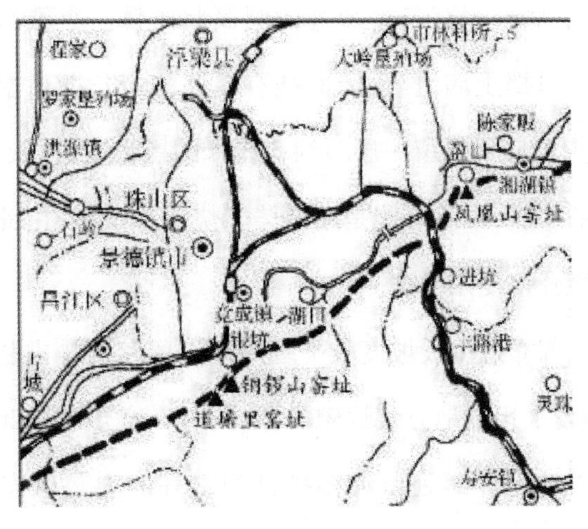

图3-10　凤凰山古瓷窑址位置示意图

2006年，因景德镇南环高速公路建设，江西省文物考古研究所和景德镇民窑博物馆对凤凰山窑址进行抢救性考古发掘，找到制瓷作坊遗迹一间，出土了一批青釉、酱黑釉、青白釉瓷器和窑具标本，其中青白釉瓷和匣钵窑具占出土物件的绝大部分。作坊采用当时废弃的圆筒状匣钵砌建，遗迹距离窑炉不过10米，可以看出作坊遗迹显然是经过精心设计布局的，便于窑工生活、工作，方便坯件的搬运，节约生产成本。作坊遗迹显示其因地制宜，因陋就简，布局合理，具有特色，反映了宋代景德镇地区的建筑形式和窑业生产布局。

凤凰山窑室呈长条形，窑炉先沿山体挖出形状，窑炉靠山体一侧空隙处填满碎砖和匣钵残片，窑壁朝室内一面经窑火高温烧烤形成一层厚约0.3厘米的黑绿色烧烤面（窑汗）。窑室底部均倾斜，坡度前后不一致，前段长约3.25米，部分较平，坡度仅为2°；中段长约3米，略陡，坡度为16°；后段长约9.5米，变陡，坡度为23°，能提高抽风能力。

凤凰山古瓷窑址宽0.5～0.7米、高0.8米，火膛位于窑室前方，呈半圆形，深1.5米。底部留存三个覆置的圆筒状匣钵。火膛与窑室相交处用砖平铺垒砌一道挡土墙，挡土墙面挂有厚厚的经长期高温烧烤的烧结硬面（窑汗）。火膛底部保留一层厚约5厘米的黑色灰烬，灰烬细腻，不见较大或较完整的木炭，推测可能是用槎柴燃烧后形成的，由此可以证明宋代景德镇地区烧瓷多使用槎柴。

窑室前段底部靠近中段坡度较平缓的地方留存两排内装碗类的漏斗状匣钵，可能是较平坦的地方装烧碗类器，同时在窑炉前段起着障窑火的作用。窑室后段坡度陡峭处留存多排排列整齐的内装执壶类的平底匣钵。龙窑窑炉底部留存内装坯件的匣钵，窑顶不存，推测应是拱形卷顶。凤凰山窑炉的排烟室破坏严重，窑室后壁（或称挡火墙）外有一半圆形坑，可能就是排烟室。窑室后壁仍然采用砖坯和圆筒形匣钵砌筑，因保存情况差而未见排烟孔。在窑尾两侧往南、北方向顺山体用圆筒形匣钵各砌弧形挡土墙，北墙破坏严重，南墙保存稍好，墙体底部的匣钵竖置，其上横放。

凤凰山的窑炉在火膛两侧各用废弃的圆筒状匣钵堆砌，匣钵底朝外，表面用黄泥抹砌，经窑火高温烧烤呈黑色硬面。这种做法的目的是使火焰聚拢，促使窑内温度快速升高，景德镇发掘的明代永乐御窑遗址中葫芦窑遗迹和湖田窑葫芦窑遗迹中也有此类结构。景德镇的窑工不论在宋代还是在明代，不论在御窑还是在民窑，不论是龙窑窑炉还是葫芦形窑炉，均使用这项技术，说明景德镇的窑工已充分理解和掌握瓷窑砌筑技术和烧造技术。

凤凰山窑址中出土圆筒形匣钵最多，装烧琢器类，窑壁和作坊墙体也多采用这类废弃圆筒状匣钵，间隔具由粗砂黏土制成，因器物底足大小的不同而制成不同形式。窑柱呈紫褐色粗胎，在匣钵间起支撑作用，有不规则的工字形、圆柱状两种。

凤凰山窑址主要生产执壶，而且数量巨大，占出土器物90%，表明凤凰山窑址是一个专烧执壶类的专业化窑场。壶类造型多种多样，有喇叭口、圆口、盂形口之分，有圆形、瓜棱形腹之别，有平底和圈足之不同，有圆肩和折肩的不同风格，流有长短的区分，表现出轻巧秀丽或庄重挺拔的风格特征，体现不同时代的特征和应对不同阶层的使用群体和爱好者需求。特别是把柄外侧装饰不同纹样，是不同制瓷作坊的标记，为研究当时制瓷手工业的面貌提供了极好的资料。

图3－11　凤凰山窑址出土的执壶

凤凰山窑址是以青白釉瓷为主的综合性瓷窑遗址，兼烧青釉和酱釉瓷。青白釉瓷修胎极为规整、精致,胎质细腻,淘洗精细,胎体中所含颗粒较小,多数呈白或灰白色,这应该是采用较好的瓷土原料制作而成。器物内满外壁至底或外壁不及底施青白釉,釉面光亮,玻璃质强,外底足无釉露胎。青白釉微泛黄、灰或灰黄色,多数偏灰色,釉面开冰裂纹。烧造产品以壶类为主,碗、盘类生活用瓷不到十分之一,是一个非常专业化的大型窑场。

凤凰山窑址及其出土物件均不见于文献记载,在发掘中没有出土相关的绝对纪年资料,但从出土遗物看,具有北宋的时代特征。凤凰山窑址出土的青白釉执壶圆流的下部贴塑蝴蝶结纹与1972年江西省景德镇市出土的北宋治平二年(1065)舒氏墓的青白釉蝴蝶结纹执壶相同,其独特的装饰完全一样,胎釉特征也相符。由此推断,凤凰山窑址的年代在北宋中期偏晚,即仁宗天圣元年至神宗元丰八年(1023—1085)。

凤凰山制瓷作坊遗迹和窑址的出土,为了解和研究宋代制瓷手工业的内部分工和制瓷工序,复原和研究宋代制瓷作坊的布局、功用及当时的经济史,提供了重要的基础资料,对研究宋代景德镇地区制瓷业的作坊形态、技术特征和产品种类等均具有重要价值。

八、焦坑坞水库古瓷窑址

焦坑坞水库古瓷窑址位于浮梁县湘湖镇焦坑坞水库东西两侧,为五代、北宋时期遗存,窑址面积约3000平方米。主要器物为碗、盘及匣钵。靠西北处有支钉青釉碗盘,由此可以推断为五代时期器物。东南处为一器一匣仰烧装烧青白釉碗盘,产品较为单一,应为北宋时期遗址。从该遗址可以清晰地看出窑业从五代至宋代的时间延续性。

图 3－12　焦坑坞水库古窑遗址堆积物

九、灵安古瓷窑址

灵安村隶属湘湖镇。1949 年前后分别为寿安乡灵珠和湘湖乡南安所辖，故名“灵安”。灵安古瓷窑址在灵安村（又称查村）附近，村前有条小溪汇入南河，周围山林茂密。该窑址有占家坞、塘坞、余家坞、吴冲坞 4 处遗存，总面积达 8000 平方米。

占家坞在灵安村临近的大港埠村西约 250 米处，遗物由西向东北倚山坡堆积，面积约 3500 平方米，部分遗存被破坏；塘坞在大港埠村西北约 250 米处，遗物由西向北倚山坡堆积，面积约 500 平方米，保存较好；余家坞在灵安村老屋下西南约 350 米处，东南临近公路，遗物堆积面积约 1700 平方米，大部分被破坏；吴冲坞在大港埠村东南约 400 米处，遗物由南向北倚山坡堆积，面积约 2200 平方米，保存较好。

该窑址距南河较远,规模较小,一直鲜为人知。从初步调查所得资料来看,该窑址烧造影青瓷,产品单一,主要以碗类为主,其次为盘类。产品造型与湖田窑北宋早期同类产品相似,但胎质较粗疏,釉色闪灰,釉面晶莹透明者少。器物罕见有纹饰装饰,少量的仅在器物内壁饰有简单的篦纹。产品的装烧采用一器一匣仰烧形式,根据装烧形式和器物特征判断,该窑址烧造时间在北宋早、中期。

十、南泊古瓷窑遗址

景德镇东河自瑶里大山中蜿蜒而出,在进入鹅湖盆地前,放缓了流淌的速度,在两岸留下一片缓坡滩地。千百年来,这里山清水秀,两岸稻香,是大山之中的富饶盆地。南泊的村庄、田畴都坐落在这片滩地上。

南泊村离景德镇市50千米,西南与高岭矿区相距6千米,东北毗邻瑶里村,自古由浮梁县鹅湖镇辖,2003年调整行政区划改属瑶里镇。让南泊引以为豪的是她悠久的制瓷历史,这里开采和使用比高岭土更早的制瓷原料“麻仓土”。就近能够取用的瓷土、充足的燃料和方便的水上运输,为南泊古代的瓷业生产提供了便利,在南泊村周边保存有多处古瓷窑堆积。和瑶里村、绕南村一样,这里也是宋代景德镇东河流域重要的瓷业窑场。

南泊村已发现的古瓷窑遗存有4处。一是村东约200米处仙水庙,由北向南倚山坡堆积,东西约30米,南北约50米,有灰白胎青花、白瓷碗残片。从残瓷复原后看出,器型为圈足撇口碗、弧壁直口碗,胎质略粗,釉色微闪黄。青花纹饰有云气、菊花、草株等。二是村东北约600米处莲花山,面积约1200平方米。有青花圈足撇口碗、青花高足杯、白瓷圈足折腰盘、白瓷圈足直口小碗等残器。纹饰多在器外壁绘简单的云气、蝴蝶、缠枝莲、蕉叶纹等,亦有在器底心书草体“福”“寿”字样。三是村东侧匣钵墩,堆积面积约900平方米,大部分被开垦成田地。有青花和白瓷碗盘等残器，其器型与仙水庙遗存中相似。四是村东北约 1 千米处马家棚，长约 20 米，纵深约 20 米，器型和质地与附近遗存中的出土器物相似。

南泊村几个瓷窑遗址都属龙窑，均临近河边，方便运输。遗存中出土器物特征和质地基本相近，可以确认烧造于同一时期。将之与东河流域瑶里、绕南等窑址的装烧工艺和器物比较，南泊窑的烧造年代同它们的晚期相似，装烧工艺只有涩圈叠烧一种形式，烧造年代为明代中叶，之后停烧，是明代生产民间日用粗瓷规模较大的窑场之一。

在村子西北处 1 千米的山坳里，林密涧幽，水流潺潺，出产可用于制瓷的白色黏土，古代称“麻仓土”，因其烧造的瓷器质量上乘，被官府定为“官土”，村民不可擅自取用。元代孔齐《至正直记》卷二中说：“饶州御土其色如白粉垩，每岁差官监制器皿以贡，谓之御土窑。烧罢即封，土不敢私也。”在山涧深处有多个明代瓷土淘洗池。淘洗池选址非常科学，既可

图 3－13　南泊瓷土淘洗池

以将旁边山沟里的溪水引入池中淘洗瓷土，又能避开山洪的冲击。青石板砌成的池子历经千年风雨，布满了青苔，却依然保存完好，当年池边的小苗已经长成合抱的大树，似乎在见证着池子的历史。

明代王宗沐主修的《江西省大志》卷七《陶书·砂土》条谓："陶土出新正都麻仓山，曰千户坑、龙坑坞、高路坡、低路坡，为官土。"清代朱琰著《陶说》也有此记载。据考证，新正都的麻仓山为今浮梁县东埠村以东至瑶里一带（即南泊村周边），始采年代缺乏记载，但文献记述麻仓土是在明代嘉靖年间，要比高岭山、李黄、大洲三矿早。乾隆七年（1742），《浮梁县志·陶政》记载，万历年间，同知张化美把麻仓矿洞称为老坑，故知其开采年代必早于明，至万历时麻仓土资源接近枯竭。《江西大志》载：旧用浮梁县麻仓等处白土，每百肋给价七分，淘净泥五十斤，曝得干土四十斤。又记"湖田石末"时，夹行小字批注谓：和官土造龙缸取其坚。这些文字印证了麻仓土初步用于二元配方制瓷，减少了瓷器烧造中的变形。又载：万历十一年（1583），同知张化美见麻仓土膏已竭，掘挖甚难，每百肋加银三分。近用县境吴门托新土，有糖点者尤佳。万历中期以后的文献中，已不见麻仓土开采和使用的记载，取而代之的是高岭村的高岭土。

高岭土的发现和制瓷二元配方的发明是世界瓷业发展的一个里程碑。1869 年，德国著名地质学家李希霍芬到高岭考察，以高岭的字音造了英文单词"kaolin"来称呼高岭土，高岭土逐渐成为世界制瓷黏土的通用名。学者费正清在《剑桥中国史》中写道："那些给欧洲人带来极大嫉妒和贪婪的瓷器，是公元 960—1279 年在景德镇生产的。宋代是中国古代瓷器生产的鼎盛时期，景德镇瓷器还通过东印度公司销往世界各地，蓝白相间的中国瓷器让欧洲人垂涎三尺。"这种生产技术在中国使用了 500 年后，才被法国传教士昂特雷科莱（殷弘绪）于 1712 年传到欧洲，欧洲才生产出真正的现代瓷器。

麻仓山下游两千米处便是浮梁四大古街之一的东埠古街，由古街、古桥、古码头等组成，为明清之际装运高岭土的货运枢纽，街道两旁林立的店铺和青石板上独轮车碾出的凹痕，是古代东埠码头装运高岭土繁忙景象的真实记录。因本地船户排斥婺源船户，乾隆四十五年（1780）八月二十一日，浮梁县衙为规范水运秩序，在此立碑告诫所有船户，装运高岭土必须听从商家的调遣，不得排挤其他船户。若有违令者，将披枷戴锁，罚站河边示众。这可谓是当时反不正当竞争的政令。

图 3－14　东埠码头规范运输秩序告示牌

高岭村《何氏宗谱》载:“(召一公)初开高岭磁土。公开创高岭,故业磁土者庙祀之。”以此推算,高岭土开采当在宋绍兴十年(1140)前后,但属民间开采。康熙版《浮梁县志》载:“明万历三十二年(1904),镇土牙戴良等赴内监,称高岭土为官业……”高岭土一词首次出现,之后大量开采。此时,麻仓土已经枯竭。麻仓土是否就是高岭土,学术界还没有一致的研究结果。那些记载有麻仓土、高岭土的古籍资料,吸引着世界各地陶瓷学者认真研究解读。

岁月悠悠,沧海桑田。南泊各处古瓷窑遗址、窑业遗物都沉寂在茂密的草莽树丛中,来自泥土而又回归泥土,来回间已是千年沧桑,只有那些开采和加工麻仓土留下的矿洞和淘洗坑,在人迹罕至的林间涧旁,默默诉说着昨日的辉煌,昭示这里曾经是景德镇的瓷业之源。

十一、内瑶古瓷窑址

内瑶村,古称内窑,位于瑶里村上游约 1 千米。西汉末年,汤、方、舒、张四姓聚居此地,数年后,詹氏由鄱阳迁入。宋代,窑兴村盛,清末窑迁村衰,随“窑里”雅化为“瑶里”而改称“内瑶”。

徽饶古道经内瑶,过梅岭,上虎头岗,进入安徽休宁、屯溪,是古代徽州入赣的重要通道,全长百余千米,路面皆由麻石铺砌而成。它是旧时的“国道”,虎头岗是皖赣的省界,也是古吴国和古楚国的分水岭,饶州的瓷茶和徽州的砚墨经这里流向四面八方。踏着蜿蜒古朴的山道,观赏着苍劲古木,葱翠竹海,倾听着宁静之中的声声鸟鸣,便可领略“枯藤老树昏鸦,小桥流水人家,古道西风瘦马。夕阳西下,断肠人在天涯”的意境,别有一番情趣。

时光流淌在河水里,历史糅进了陶片中。山水陶源,古村老屋,处处弥漫着浓重的文化气息。早在五代时期,内瑶村的窑业渐兴。到宋代,这里已经形成庞大规模,外来瓷工云集,成为景德镇早期重要的产瓷地。瑶河两岸人来人往,练泥晒坯,挑柴码垛,终日不息。到夜晚窑火熊熊,烟雾缭绕,映红了山间夜色,窑工们添柴观火,通宵达旦。到明末,窑火渐歇。在瑶河岸边的汪玉岭、舒家山、坳头、方家养山等处,留下了大量的窑业遗址,遍地都是瓷片、匣钵片等窑业遗存。

汪玉岭窑业遗址在村西南200米处,北临瑶河,倚山坡堆积,面积约160平方米;舒家山遗址在村西侧,堆积面积约2600平方米;坳头在村西北侧,遗址由东向西倚山坡堆积,面积约120平方米;方家养山在村西靠近舒家山,遗址由东向西倚山坡堆积,长约26米,宽约22米,厚度约1米。四处堆积物基本一致,属同一时期的窑业遗存。出土瓷片主要为青花碗、白瓷碗、盘。其胎质粗糙,釉色往往闪灰,胎釉呈肉红、瓦白等色调,敲之有沙哑声,制品略显粗劣。产品造型有圈足撇口碗、圈足弧壁碗、圈足折腰盘和高足杯等。少数碗类绘有简单的青花纹饰,一般为云气与鱼纹,或碗心书一草体“六”字式样。

内瑶村几处古窑址仅发现涩圈叠烧法,装烧形式是以匣叠装6~8只器皿,同时用淘洗后的粗粒瓷矿渣混合稻谷壳灰做器匣之间的支垫间隔物。从装烧形式和器物特征判断,这是明代中期烧造民间日用粗瓷的窑场。

元代,随着高岭土的发现及二元配方制瓷技术的推广使用,景德镇瓷业迅速崛起,成为全国“窑业所聚”之地。瑶里周边的窑业在瓷土、运输、市场、技术、资金上都不占优势,只剩下窑柴和瓷釉的便利而逐步萎缩,到明代中期最终停烧,瑶河两岸的窑业遗址渐渐湮没在草莽之中。内瑶村也窑火不再,窑工离去,村里也渐渐冷清下来。

图 3－15　内瑶村远眺

宋代的内瑶村尽享交通之便，瓷器之利，村庄繁荣兴旺，清一色的徽派建筑，马头高翘，粉墙黛瓦，古色古香。进入 21 世纪，与徽饶古道同方向的省际公路从村背后山坡上绕过，许多村民搬到公路两边建房，有的迁往瑶里镇政府所在地瑶里村经营旅游业务，村里逐渐人去屋空。老屋拆掉后，宅基地上围成许多方块菜地，入眼的也是新建的楼房。年轻人大多外出务工，中老年人在田间劳作，重复着恬淡的农耕生活，只有在放学后，村里才多了孩子们的嬉闹声。碧绿的群山、清澈的小溪、闲适的古树、淳朴的民风，无不显示出这方山水的灵秀古韵，透露出作为一座被时光凝固的家园独有的魅力。内瑶古村已旧貌难寻，只有瑶河两岸的草莽中、菜地里随处可见的匣钵、瓷片，诠释着村名中“窑”字的含义。

清澈的瑶河静静流淌，河里瓷片不时反射出白光，雨后的山脚地头，常常露出宋瓷的光芒、明砖的棱角。时光如水，轻轻荡去了曾经的喧嚣与繁华；大地无言，以瓷片为符号，留下了历史的印记。人类因使用火而告别蒙昧，又因融汇水与土而创造了陶瓷艺术，瑶河两岸这片当年工业文明处在世界前列的热土，千年之后竟然恢复了青山绿水，回归了宁静安详。“村村陶埏、处处窑火”已是历史记忆。

十二、绕南古瓷窑遗址

绕南村位于浮梁县瑶里镇东北3千米处，瑶河穿村而过，清澈见底，山上古木茂盛，翠竹摇曳。唐末，詹氏由内瑶（窑）村迁此建村，因村前小河绕南面大山而名。村庄依山傍水而建，错落有致，青石板铺就的古道连接着各家各户，文化休闲廊桥巧架于秀水之上。一棵棵古老的樟树如同巨伞，把徽派的民居遮掩得恰到好处。流动的溪水、洁净的河埠、浣洗的村妇，给人一种灵动的韵律，体现着人与自然的和谐相处。

绕南又称“瓷源仙境”，是宋、元时期景德镇重要的瓷器生产聚集地，村庄周边、瑶河两岸留下了大量宋、元、明时期的古窑遗址，以及大量的古矿洞、古水碓等瓷业遗迹。经考古发掘，绕南的窑业堆积有3处：一是在村东北约400米东山阙，面积约300平方米，出土产品种类有青花圈足撇口碗、白瓷折腰碗等；二是在村西南1千米窑旮旯，遗物堆积面积150平方米，采集的瓷片有白瓷圈足撇口碗、圈足芒口碗（口沿外撇）、撇口折腰盘和碗心书青料“福”字圈足残器。装烧工艺为涩圈叠烧和支圈组合式覆烧两种形式。

最重要的一处古瓷窑址在村庄下游的栗树滩，堆积长约100米，纵深约40米，高11米，遗物较丰富，陶瓷生产断面特征具有代表性。从遗存断面看，堆积下层是约2米厚的圈状覆烧窑具及器物残片，窑具均分离为条状，一般为灰白、黄色。出土瓷片全是芒口碗残片，胎薄质佳，质地细腻，底足内旋平或有鸡心状突起，釉质白中略带青灰透明，亦有闪黄者，绝大多数素白无饰，少量刻有简单纹饰。在覆烧层之上为一层40厘米厚的冲积黄土覆盖层，黄土之上为一层口径不一的素白透明釉涩圈叠烧折腰盘。在此之上为一层饰有球状云气纹或缠枝莲纹的青花深腹撇口碗，碗底心均有涩圈。此种碗有精、粗二种，精者胎釉及料色均较佳，为酱釉口沿；粗者瓷质较粗，釉色闪灰，料色淡而带绿色，无酱釉口。该层之上至地表厚达数米为涩圈叠烧浅腹圈足撇口碗、浅腹直口碗与桶式匣钵等残器遗物层。碗内或书有青料草体“福”“寿”字样，碗底心或只画一法螺，产品胎质粗糙，料色不佳。据地层情况、器物特征和窑具分析，其底层的器物具有元代特征，窑具亦为景德镇宋后期至元中期窑址中所见，上层器物和窑具与瑶里窑址中相似。

龙窑在古代是一种较为先进的窑，沿山坡而建，呈10°～20°斜角，最低一端的火膛为窑头，最高的一端为窑尾，前一段烧瓷的余热为后面的瓷坯预热，节约能源，生产效率高。绕南栗树滩有8座宋元时期龙窑遗址，是瑶里境内已发现的烧造年代最长的瓷窑，烧造年代约在南宋后期至明代中晚期，对研究景德镇东河流域古代瓷业生产状况具有重要价值。

绕南也是重要的陶瓷原料加工基地。早在唐宋时期，这里加工瓷不和釉果供应景德镇，尤其是釉果质量上乘，民间流传有“高岭土、瑶里釉”的谚语。当年，加工瓷土、瓷釉的水碓在瑶河两岸数里相接，每当春夏季节，水流湍急，河两岸车轮旋转，碓杵翻腾，响声隆隆，形成了“重重水碓夹江开，未雨殷传数里雷”的壮观场面。在绕南村西栗树滩还保留有一座宋代古水碓作坊，不断修缮保存至今，是景德镇市现存不多古釉果作坊之一。作坊里面有四个长方形的池子，分别是淘洗坑、沉淀池、稠化池和泥床。在这简陋的作坊里完成制作釉果的粉碎、淘洗、沉淀、稠化、踩泥、印不、阴干7道工序。

图 3－16　绕南水碓

元代,随着高岭土推广应用于制瓷,浮梁县东河、南河流域的窑业逐步转移到景德镇。明朝后期,绕南的瓷窑停烧,但水碓旋转依旧,继续为景德镇加工瓷不釉果,千年不歇。直到 20 世纪 60 年代雷蒙机的出现,现代化的瓷石粉碎工艺最终让水碓退出了历史舞台,栗树滩回归了远古的宁静。萋萋草木,默默遮盖了窑砖、瓷片、淘洗坑,呵护着那一段悠久辉煌的历史。

绕南保存了多处宋、元、明时期的古窑遗址,以及大量的古矿洞、古水碓等瓷业遗迹,集中反映了景德镇东河流域悠久灿烂的陶瓷文化,对研究景德镇古代瓷业生产状况具有重要价值。其中,栗树滩堆积物是世界上已发现的最具代表性的陶瓷生产断面特征遗址。近年来,栗树滩已经建成陶瓷历史文化主题公园,丰富的陶瓷文化体验活动让游客领略陶瓷文化悠久而迷人的魅力。修复的宋代水碓依然在加工釉果,只是缓缓转动的水轮显得那样孤单，那个曾经路上挑夫如织、坯坊陶工穿梭、炉前窑工挥汗的绕南，早已旧貌难寻。

绕南，属于那个遥远的年代。

十三、瑶里古瓷窑遗址

瑶里村位于江西东北端，隶属浮梁县瑶里镇，与安徽休宁县毗邻，离景德镇市 55 千米，地处三大世界文化遗产（黄山、庐山、西递和宏村）的中心，拥有国家重点风景名胜区、国家历史文化名镇、国家 AAAA 级风景区、国家矿山公园、国家森林公园、国家重点文物保护单位和国家自然与文化双遗产地等旅游品牌，素有“瓷之源，茶之乡，林之海”的美称。瑶里镇四季气候宜人，森林茂密，覆盖率达 94% 以上，风景区内有南方红豆杉、银杏树、香榧树、金钱豹、娃娃鱼等国家珍稀动植物 100 多种。最高峰五谷尖海拔 1618.4 米，是景德镇最高峰，也是景德镇东河的源头。

图 3－17　瑶里古镇远眺

瑶里，古名“窑里”，远在唐代中叶，这里就有生产陶瓷的手工作坊，并因瓷窑众多而得名。《景德镇陶录》记载：“麻仓为邑东村名。或讹麻村，或呼梅村窑，出官土，只可作不，非釉也。”“瓷土自来麻仓为著，俗呼麻村窑里，又呼洞里，属邑东乡，明末土竭，后复出，造成釉果。”麻仓窑，原属浮梁县锦绣乡新正都，即今瑶里村一带，这里崇山峻岭，林木茂密，山中蕴藏丰富的制瓷矿石，西南与著名的高岭矿区相距约 10 千米，瑶河（即东河上流）流经此处，水流湍急，终年不息。

在唐宋时期，这里先后存在过众多的窑场，留下了大量的窑业遗存。窑址遗物堆积主要集中在瑶里村西南的百箩丘、红薯湾、红薯湾河滩，北侧的樟树坞、刘家碓狮山、鹭鸶坞口，西侧的窑岭。其分布特点是：遗存分布于瑶河两岸，大多背山近水，堆积范围狭小，遗物层次单纯，是同一个时期的堆积物，因而其窑具类型、产品的造型及装饰都较简单。

从采集到的较完整的瓷器残片分析，碗有三式：一式，撇口、圈足宽厚、深腹，俗称墩式碗，无饰闪青灰透明白釉瓷；二式，撇口、弧壁、腹部有深浅不同，装饰为青花，呈青翠色。这种碗为涩圈叠烧法装烧，碗心有一圈无釉的叠烧痕迹；三式，直口、弧壁、浅腹、矮圈足、装饰为青花。纹饰多为外壁满饰排点纹或口部二弦纹，也有饰青花缠枝莲纹、云气纹、海马、蕉叶，或只在碗心饰以草体“福”“寿”字样，逸笔草草。

从多数遗存的堆积特点以及百箩丘遗存中残留的窑炉遗迹分析，烧造瓷器的窑应属龙窑。窑具均为漏斗式匣钵，有高壁和矮壁两种：高壁的为装烧涩圈叠烧折腰盘或浅腹碗时使用；矮壁为一匣一器装烧深腹碗或高足杯，窑址的烧造年代为明代早、中期。明嘉靖《江西通志》载：“瓷器，浮梁出，景德镇最佳，湖田市次之，麻仓洞为下。”瑶里古瓷窑的烧造终止时间当在正德、嘉靖年间。该窑址烧造时间不长久，产品较为粗陋，对考察研究景德镇东河流域明代早、中期制瓷生产技术以及高岭土的使用有一定参考价值。

瑶里瓷茶古镇是江西省首批历史文化名镇,数百幢明清徽派古建筑依山傍水,错落有致地分布在瑶河两岸,飞檐翘角,粉墙黛瓦,掩映在青山绿水间,宛若一幅清丽的山水画。其中有展示徽派“三雕”艺术的狮冈胜览、程氏宗祠;有展现封建家族礼仪思想的进士第;有印证往日繁华景象的明清商业街、徽州古道;有反映瑶里风土人情的灯彩、地戏;有再现革命斗争历史的陈毅旧居、抗日动员大会会场、红军游击队驻地等。信步在古镇青石铺就的街巷中,您仿佛走进了明清时期的历史画卷。

瑶里村的明清商业街是古徽州大道上最繁华的商业街之一,全长1000多米,分为上街头、中街头、下街头三段。上百幢店铺分布在街道两旁,鳞次栉比,保存较好。瑶里有民谣曰:“上街头,下街头,街长不见头;丝绸缎,糖醋油,店面八百九。”其中明代商店最具特色,是市级重点文物保护单位。

瑶里瓷业兴盛,商业发达,人员聚集,宗教也随之兴盛。始建于宋代重和元年(1118)的高际禅林寺,距今有900年的历史,是赣东北著名寺庙,位于瑶里镇汪胡村东部海拔1681.4米的五股尖半山腰上,建筑面积最盛时期达9000多平方米,现存建筑遗址面积1200多平方米。明代著名禅师静虚曾有诗云:“白云深入有僧庐,漏尽晨钟倚枕初。阅历林泉声隐隐,行回岩壑韵徐徐。驱除妄幻清平旦,领略春容见静虚。又听晓天鸡喔喔,共催人读五更书。”现存有高际禅林寺石刻寺碑及石墙遗址。在高际山还建有关公庙、八仙庙、送子观音庙、龙王庙等7座寺庙,留有这些寺庙的遗址以及摩崖石刻、弥陀柱、佛塔等佛教遗存。

图 3－18　瑶里村一角

当年，瑶里因为过度采矿伐木、烧窑制陶，导致水土流失，山洪肆虐，瑶里的先民明白了保护森林、爱护环境的道理。传说早在 700 多年前，为了保护好村头的水口林，瑶里汪胡村的族长竟处死了盗伐林木的孙子，一场悲剧自此成为村民心头永久的禁忌，这座山被村民们命名罪为“𡶒”山，“𡶒”是汪胡村民造的专用字。乃至今日，瑶里还是全境封山、全镇禁渔。

瑶里还是中共党史中“瑶里改编”的所在地。1938 年春节，陈毅到此主持红军游击队改编为江西抗日义勇军第一支队，后编入国民革命军新四军序列。陈毅与其胞兄陈孟熙（国民党川军上校）在瑶里吴家祠堂召开的欢迎大会上，分别代表国共两党发表了热情洋溢的讲话，阐述了“家庭不和外人欺”的道理。“渡尽劫波兄弟在，相逢一笑泯恩仇”，陈家兄弟在瑶里的这次讲话成为国共两党合作的佳话。

瑶里物华天宝，人才辈出，是西汉长沙王吴芮、南宋开国侯李椿年、清朝工部员外侍郎吴从至等历史名人的故里和邻里。徜徉瑶河两岸，看瑶河肥硕锦鲤悠闲游弋；流连青石古街，观百年沧桑岁月印记。这是一个可以触摸到历史的地方，她集自然与人文为一体，融历史与民俗于一身，有着深厚的文化积淀，是旅游休闲、访古修学、寻幽探奇的绝佳之地。

十四、长明古瓷窑遗址

长明行政村坐落于瑶里镇西北约 6 千米的山沟里，一条窄窄的公路伴着小溪，串起几个自然村。依山傍水而建的房屋掩映在大树下，粉墙黛瓦，时隐时现。山太陡，地太少，村委会就建在山脚下，一条小溪横亘门前，左无邻，右无舍。河的对岸高坡上是长明村小学，站在溪边仰望陡坡上的校门，有种神圣、庄严的感觉。溯溪而上，沿着一条小路翻过高山，便可跨皖赣的省界到达安徽。鸟鸣山幽，在城镇化的浪潮中，年轻人不断外出，长明村也越发偏僻、宁静，感觉是到了世外桃源。

唐初，江氏从安徽祁门迁至此，得村名汪家。后建窑烧瓷，家业兴旺，把房屋迁建瓷窑下面，改称汪家下。唐宋时期，这里采石制陶，产业兴旺，上游一条隐约可见的山沟，是古老的瓷土矿脉，它从山脚下开始，顺着瓷土的地质分布走向，一直延伸到山顶。到明清时期，这条小溪的两岸水碓棚密布，淘洗池接踵，水轮悠悠、碓杵声声，成百上千的矿工在此开采加工瓷土，供应下游景德镇的诸多窑场。因交通不便，长明瓷业烧造规模不大，但瓷土好，瓷器质量也较好。

山背面的瑶里镇白石塔村也发现了多处宋代矿洞遗址，现存 4 组矿坑道，露天 40 多处，暗洞 8 处，矿道深数十米到数百米不等。这里是景德镇瓷釉的重要生产基地，民间有“高岭土、瑶里釉”之称。

据考古调查，长明是瑶里地区最早生产瓷器的地方，而瑶里又是景德镇宋代瓷器的两大源头之一，这里堪称景德镇的瓷之源。长明发现的窑业遗存有二处，其中较大的一处在长明小学校内，面积达5000平方米，部分遗存被破坏；另一处在村西江家下，遗存东侧靠近小溪，遗物倚山坡堆积，面积约800平方米。二处遗存中出土的瓷片种类一致，应为同一时期的产品。

图3－19　长明小学旁边的窑址

该窑址的产品特征为：胎为灰白色，胎质略粗，但比内瑶窑址中的瓷质、釉色好。品种主要有青花和白瓷，器物分碗、盘、高足杯三类，其中以碗为大宗，亦有小量的瓷灯盏，当为一种副产品。碗类有弧壁、撇口、圈足碗，有深腹和浅腹二种，前者生产年代较早，后者稍晚，这种碗均为涩圈叠烧法装烧。有弧壁、直口、矮圈足、浅腹碗，与上述浅腹撇口碗同时生产。有平腹直壁直口碗，俗称罗汉式碗，底足有釉，底心无涩圈，胎釉较佳。上述碗、高足杯有素白瓷或饰青花，纹饰有蕉叶、跃鱼、云气、蝴蝶、菊花、草株等，亦有仅在碗心书一草体“福”“寿”字样；杯身与足用釉烧接，瓷质较好，装饰得体，是该窑址较精细的产品，装烧工艺有涩圈叠烧或一器一匣仰烧。据此判断，该窑烧造于明代早、中期，以后停烧，是东河流域生产民间日用瓷质量较好的一个窑场。

时光流逝，长明村古瓷窑堆积上早已竹木葱郁，有些被村民平整耕种，小学旁边的遗址已被挖平成为小学操场。这里的瓷土资源枯竭，窑火熄灭，窑工散去，但和资源枯竭型矿山不同的是，这里没有废墟，只有满目青山，只有在树荫下潺潺流淌的溪水，只有浮梁人挥之不去的瓷源情结。

十五、石溪古瓷窑遗迹

石溪古渡位于浮梁县三龙镇芦田村，处昌江支流西河的中游，距景德镇三间庙约 15 千米，石溪古渡历来为西河窑柴水道的最后一个码头，也是西河货运量最大的码头。清代，经过这里运到景德镇的窑柴，高峰时占景德镇窑柴的 3/4，这里还供应饶州全境及徽州部分地区的青石材，石溪古渡一度成为该地区独一无二的经济重镇，有“庐田小扬州”之称。以石溪古渡为中心的西河经济一枝独秀，衍生出多个光彩夺目的历史古街名镇，如三龙古街、方家古街、红砂古镇、阳湖古渡（南溪）、牡丹台村等。雍正时期，石溪古渡非常繁荣，浮梁五品知县张景苍游石溪古渡时，对石溪古渡的自然风光、临水而居的古村以及川流不息的西河船只大加赞美，写下了《过上庐田》诗二首：

其一

山水清幽景物妍，耳根眼底费周旋。

鸟声断处溪声续，更有松山青到天。

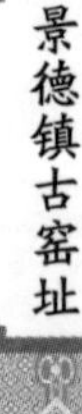

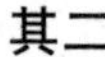

其二

竹扉花径总相连，处处人家近水边。

行过西郊数十里，溪山最胜上庐田。

元代中期，杨、曹氏在此定居，村西靠西河渡口，石头甚多，故名石溪渡。明朝末年，陈氏由安徽建德迁此。清初，祖籍都昌的余氏从景德镇迁居石溪渡村，余氏家族重“举业”，以“制陶”并经营石溪古渡窑柴数百年，在清朝社会地位显赫。从景德镇迁到石溪渡建村的人，以“镇巴佬”自居，以保持景德镇的乡音为荣，在漫长的岁月中没有被浮梁农村方言同化，一直保持着这种独特的乡音，即明末清初景德镇老城区的地方语音。

据《石溪渡·余氏家谱》记载，明中期至清初，余氏陆陆续续迁到石溪古渡定居。又据余忠琏墓志记载，余忠琏乃“全丰公之嗣也”，由都昌“石竹村”迁“浮西庐田都遂家焉”。余忠琏“专理陶业，家运渐亨”，与景德镇陶业有着密切的联系。古时陶瓷制作手艺有秘不外传的传统，而余忠琏来石溪渡之前就已经掌握了陶瓷制作技术，因此可以认为，余氏是在景德镇业陶之后，再迁居石溪古渡的。石溪渡的徐氏、程氏、洪氏、叶氏还是烧造“白炭”（栲树烧造的优质木炭）的高手，专供御窑厂烘烤釉上彩绘的燃料。

余氏家族雄霸一方，家大业大，富甲西河，村内粉墙矗矗，鸳瓦鳞鳞，屋宇交错，街贯巷连。余式贞“花屋”冠绝整个西河流域，余春旺古宅庭院深邃。余氏人才辈出，对石溪古渡的发展起到了至关重要的作用。余忠琏，字玉臣，名国元，进士，生于乾隆四十一年；余忠瑚，名魁元，国学生，生于乾隆三十四年十月；余和栋，字源水，名锦辉，国学生，生于嘉庆十五年三月；余和梅，字得荣，名廷辅，国学生，生于道光五年九月；余和菊，字德华，名廷元，号殿臣，国学生，增捐贡生，生于道光十二年十月；余和朝，字德爵,名廷选,国学生,增捐贡生,生于嘉庆十二年十二月;余和恺,字德盛,名廷拔,国学生,生于嘉庆十五年十一月;余顺茂,字长发,名贝荣,号竟成,捐授海疆议叙正九品徵,又蒙爵阁督部堂,曾奖请给五品衔,生于道光十四年七月。

西河有着丰富的瓷土资源。上游的大洲瓷土,是清代景德镇瓷土的重要供应地,品质与高岭土相似,在蕉坑坞等地也发现零星瓷土矿。有瓷土、有松柴、有制瓷匠人,“石溪渡民窑”的诞生具备了全部条件。据石溪渡半月山附近的村民周新国讲述,原来“知青点”宿舍前见到过很多制瓷的匣钵、渣饼瓷片,有村民在石溪渡水口山建楼,也开挖出不少废弃的匣钵瓷片黏合物。80 多岁的村民余松水老人说,石溪渡瓷窑主要分布在窑火弄、半月山、螃蟹刹等地,但未发现遗址。

碗葬,是明清时期当地的一种特有的墓葬习俗。显赫之家以奢侈厚葬为荣,瓷器就是当时的奢侈品。碗墓位于石溪渡口的“渡船坞”口的山包之上,极目远眺,石溪渡村及码头全貌尽收眼底。墓室内,瓷碗套瓷碗,垒成一个拱形;拱与拱相连,遂成墓室,碗与碗之间,碗拱与碗拱之间以石灰填实黏合。墓室长约 2. 4 米,宽约 1. 34 米,高约 1. 25 米,墓门为石块封垒。石溪渡碗葬墓中瓷碗的青花图案,与当地窑业遗存中的瓷片是同一款产品,说明了墓葬碗为当地生产,证明了石溪渡存在一定规模的窑业。在石溪渡发现的众多瓷器残片中,有一块“婴戏图”青花纹饰瓷碗残件尤为显眼,其采用双勾分水技法,画面简洁灵动,以大写意的手笔,刻画了孩童活泼好动的神态,展示出了明末青花人物的绘画特点。

明末清初,石溪古渡经济的发展,吸引了四面八方的手工业者、船夫及商人。有安徽的烧炭工人、都昌的船夫、鄱阳的搬运工等,可谓聚百家之能工巧匠于一村。于是,古村也迅速繁荣起来,先后办起酒肆、饭庄、茶亭、银楼、船店、米铺、染房、烟馆、杂货店等。屋宇错落、粉墙黛瓦、棹楔峥嵘、鸱吻耸拔，宛如城郭。

浮梁乃景德镇的瓷业之源。宋元时期，瑶里、寿安、湘湖等处窑火兴盛，元代以后，随着水运的发展，分散在浮梁县的窑业逐步向景德镇聚集。而石溪古渡的窑业与此相反，是景德镇窑业外溢的结果。石溪渡古窑从发现的窑址遗迹分析，烧造时间在明清时期，规模不算大，产品质量也一般。但石溪渡的窑业与景德镇的窑业关系密切，历史文化脉络清晰，其意义还在于是景德镇窑业原料供应的主要基地和运输枢纽。

十六、坑口古瓷窑址

景德镇陶瓷历史的起源及文化辉煌从何时开始，它的陶瓷又以什么窑烧造，这是陶瓷考古专家和学者普遍关心而又无法释疑的问题。历史上，有关景德镇最早瓷窑的模样，文献中找不到详细记述，虽然道光版《浮梁县志》载“新平治陶，始于汉世”，但烧瓷的窑炉早已在岁月的长河中无声无息地消失了，多数时候是以“历史之谜”的形象展示给世人，有时又不经意出现在人们面前。

浮梁县王港乡坑口村位于昌江支流东河东岸。明中期，安徽黟县吴氏、邱氏等一些流动商贩在此建村，因地处一小溪与东河的交汇口，故名（当地称溪为坑）。2010 年 11 月 3 日，村民徐富年在西游山挖山坡建房时，用挖掘机挖出了一个山洞，洞内外散落和掩埋了许多黏有黄土的瓷片，其胎质呈灰青色，表面大体呈青色，器型有瓷碗、小碟、盘、罐、壶类。其中以碗类居多，碗底瓷片里外都有白色支钉痕迹，还有烧瓷垫桩顶柱。

山洞从外观看呈半圆形，宽约 2 米，深约 4 米，高约 1.5 米，是一座完整的馒头型窑炉。洞内地面的泥土呈黄色，顶部烧结层有 30 厘米的黑色物质黏附着，最深处洞顶部有3个直径约20厘米的通风口。令人惊叹的是，整个洞内没有一块砖头，就连通往外面的通风口4～6米的地方也没有发现砖头的痕迹，这是一处土窑遗址，历经两千年的风雨侵蚀依然保存得较为完整，堪称奇迹。

图3－20　浮梁坑口古瓷窑遗址

随后，景德镇陶瓷考古研究所和浮梁县文物保护管理所对该窑址进行抢救性清理，发现的青瓷片及较为完整的盘、碟、壶、杯等器物属于支钉叠烧法，除少数壶类器物，其余都存在支烧痕迹，支烧点有五点、七点、九点、十一点、十二点之多。青瓷釉色单一，胎体是瓷石和石灰石性质，没有瓷土的拌混痕迹，为一元配方。装饰有刻划、乳钉，以辘轳车拉坯成型，旋转痕迹非常匀称流畅，修坯严整。发现有辘轳车轴承的瓷质顶碗，可见辘轳车已广泛应用，成器率较高。从瓷胎孔隙度推测，当时的窑温可能达到1150℃～1200℃。

据房基主人徐富年介绍，在发现窑洞前，这里是一座完整的山，山前是菜园,原先经常能挖到古瓷片,没想到这里竟隐藏着一座古窑。村民喻水旺介绍,20 年前村子里刚刚开始在西游山挖山建房时,附近挖出过许多这样的瓷片。76 岁的村民邱义发介绍,像这样的窑曾经挖出过三四座,但当时不晓得这是文物,西游山还有好几处这样的洞窑。

2010 年 11 月 5 日,从事中国唐代陶瓷历史研究的景德镇市委统战部副部长王升虎实地考察了坑口古窑址,他从窑洞内瓷片的器型、釉面发色、窑炉形制和遗物堆积,还有相关的《纪年鉴》资料对照,认为该窑洞与唐、五代窑址的特点相吻合,属于唐、五代时期保存较为完整的山洞型瓷窑。这在景德镇陶瓷考古史中尚属首次发现,填补了景德镇唐、五代陶瓷考古史上的一项空白。

景德镇地区考古调查中发现的五代窑炉均残缺不全,而王港洞窑除火膛部分有点损坏,其他部分保存较为完好,尤其是窑顶部分和排烟孔保存完整,窑炉整体结构清晰,这在景德镇以往发现的五代窑址中尚属首例,填补了景德镇地区陶瓷窑炉发展史上的空白,也是研究中国陶瓷窑炉史的珍贵实物标本。

站在王港坑口古窑前,望着许多青瓷片仍静静地躺在地上和山坡上,感觉这些经雨水洗净的古瓷片,在阳光照耀下是多么温润可爱。这些精美的瓷片似乎刚从历史的长河中徐徐浮出水面,不仅让封存已久的景德镇瓷业历史源头露出神秘的一角,或许还能够让我们窥视到远在新平(景德镇的前身)繁荣之前,王港坑口区域的史前文明。

十七、洪家坳古瓷窑址

洪家坳村位于浮梁县王港乡,在童家畈东偏北 5 千米,东河南岸。唐初,洪氏从婺源迁至此山坳口建村而名。唐中,闵氏从山东迁入,袭用原名。古窑遗址面积达3000平方米,采集的标本有宋元影青、元代青花和釉里红、明代青花、仿龙泉釉等。器物有碗、盘、高足碗和杯等,遗存有元代龙窑遗址、明代早期葫芦形窑址两处。1994年6月,洪家坳古瓷窑址被公布为浮梁县文物保护单位。该窑址为宋、元、明时期景德镇瓷器研究提供了重要的实物资料,对传世的影青瓷、青花瓷以及仿龙泉釉等品种瓷器的研究,具有参考意义。

图3-21　洪家坳古瓷窑址出土的青白瓷片

十八、南门坞古瓷窑址

南门坞村位于浮梁县王港乡高沙村,距景德镇市5千米。唐末,朱氏在此建村,因背靠高山,村前是大面积河滩,沙石丰富,故名“高沙”。南门坞窑址南北长200米,东西宽100米,总面积20000平方米。地表堆积了很多瓷器残片,主要器类有碗、盘、小碟等,采用支钉叠烧法。胎呈灰色,釉色偏青灰,研究推测,这是景德镇东河流域五代时期较早烧造陶瓷的遗址。

十九、柳家湾古瓷窑址

柳家湾古瓷窑址位于浮梁县寿安镇柳家湾村,村西北有一条小溪流入小南河,四周山麓植被茂盛。唐中期,柳氏从河北迁于此,建村小南河拐弯处,称柳家湾。唐末,乐平的张、何、刘、胡氏迁入,袭用原名。中华人民共和国成立初期,改称柳溪,1972 年因与他村重名而用原名。柳家湾窑业遗存大小 11 处,面积近 10 万平方米,大致分为以下几处。

村中水泥厂院内遗存:分布面积约 1200 平方米,堆积厚度 1.5 ~ 2.5 米,产品有影青高足碗、矮足撇口碗、大小圈足弧壁划花碗等。瓷胎为白色,质地纯细,釉面滋润,釉色呈淡青色,有透明感。在水泥厂基建中遗存被破坏。

村南侧兔儿望月山遗存:堆积面积达 1 万平方米,保存较好。产品有高足鼓腹撇口碗、圈足鼓腹撇口碗、圈足瓜棱碗、圈足撇口盘、盅、注子等,均为影青瓷,胎骨洁白,釉色呈湖绿色,有划花纹饰。

村北侧匣钵墩遗存:堆积面积约 2200 平方米,保存较好,品种与水泥厂遗存中的一致。

村东北油麦坞遗址:距村约 500 米,面积约 3 万平方米,遗物由南向北倚山坡堆积。产品有高足葵口碗、圈足葵口碗、斗笠碗等,胎质细腻,影青釉色纯正。

村东侧供销社院内堆积:面积约 1300 平方米,大部分被破坏。产品有高足碗、实口撇口碗、小圈足弧壁敞口碗、高足杯等。其高足杯为深腹、直口、喇叭状高足。均为影青釉,釉层有透明感,多呈淡青,也有呈浅绿、湖绿色,胎质洁白细腻。

村东北约200米处雷打坞堆积:面积约1000平方米,保存较好。产品有高足碗,圈足鼓腹撇口大、小碗等,均为影青釉白胎瓷。

村西北侧炮台墩堆积:面积约6000平方米,遗存破坏严重。产品多高足碗、碟、平足唇口小盏等,均为影青釉白胎瓷,胎釉质地较佳。当地居民建房时曾暴露龙窑一条,窑向80°,窑床断面宽3.6米,坡度15°~18°,北壁墙基残高0.72米,从出土器物看,为元代窑口。

村西约350米处金家坞附近有3处遗存,呈西北向一字排列分布。北面的一处遗物由西向东倚山坡堆积,面积约8000平方米,产品有高足杯、注碗、注壶等;西面的一处,遗物由南向北倚山坡堆积,面积约1000平方米,产品有影青圈足鼓腹撇口大、小碗等,胎质细腻,釉面滋润光洁,呈淡青色;中间的一处,遗物由西向东倚山坡堆积,面积约1200平方米。产品有支钉叠烧白瓷碗、影青高足碗、圈足敞口盘等,胎质一般较粗,釉色亦偏灰,碗心底有9~16个支烧痕迹,影青瓷胎釉较佳。

1985年,江西省文物工作队对柳家湾匣钵墩北侧筑铁路路基时暴露的一处窑业堆积进行了清理,采集的主要标本均为影青瓷,品种有:

1. 碟,分五式。有敞口、葵口弧壁,口沿平折。高、矮圈足,釉色光洁、开片。腹外壁有六道凹棱,内壁有五道凸棱。高2~3.8厘米,口径9~10.5厘米,底径3.6厘米。

2. 杯,分三式。Ⅰ式:直口深弧壁,圈足略外撇。高5.8厘米,口径7.6厘米,足径4厘米。Ⅱ式:直口圆弧壁,高足呈喇叭状。高6.3厘米,口径7.2厘米,足径3.6厘米。Ⅲ式:口残内底平坦,高足略呈喇叭状。足高2.8厘米,足径3.2厘米。

3. 盏,分八式。高 4 ~ 6. 3 厘米,口径 11. 5 ~ 16. 6 厘米,足径 3. 2 ~ 4 厘米。形制有弧口弧腹,圈足微内敛,器腹呈六棱或八棱状;侈口圆弧腹,高圈足;侈口浅弧壁,或作葵口瓜棱腹,圈足;侈口腹壁曲弧,内底平坦,小圈足。盏心印有菊瓣;敞口小圆唇,斜壁,内底略凸起,釉开片;葵口斜弧壁,小圈足,内底略凸起,内壁有等距离分布的三朵刻花,釉开片;敞口斜弧壁,小圈足,内壁有等距离分布的三、四朵刻花,有的内底略凸起,外壁刻菊瓣状条纹;六瓣葵口,斜壁,内壁有三朵等距离分布的刻花,外壁有三道细弦纹。

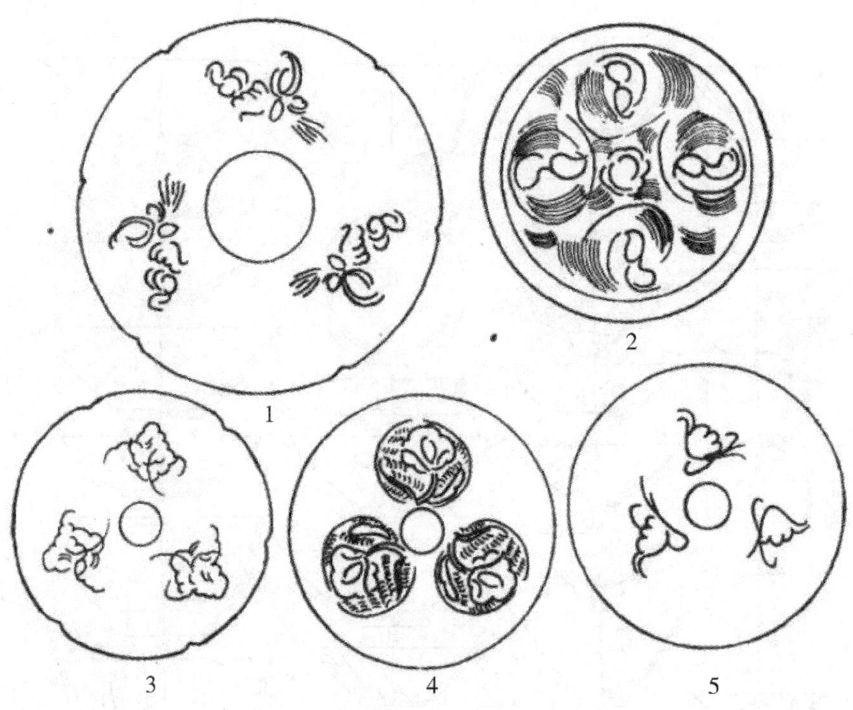

图 3 – 22　瓷盏内壁刻花图

4. 盏托。已残,高圈足略外撇,托座与托盘为分制后合烧而成,器壁平匀。托径约 12 厘米,残高 5. 5 厘米。

5. 盅。有五瓣葵口,斜弧壁,平底,高圈足,内壁正对葵口处有凸棱。

高6.1厘米,口径9.6厘米,足径3.6厘米。还有葵口,腹壁斜直,圈足较高,釉面开片,高8.5厘米,口径13.4厘米,足径5.4厘米。

6.碗,分七式。有敞口,小圆唇,浅弧腹,外壁有菊瓣状斜条,内壁刻弧状篦纹,釉开片,矮圈足,外壁有五条瓜棱,内底有七个小支钉等。高4.2~6厘米,口径11~17厘米,足径5厘米左右。

7.盘,分二式。Ⅰ式:六瓣葵口,斜壁折腹,矮圈足。内底刻各种团花,纹饰多牡丹、芙蓉等。高4厘米,口径14.6厘米,足径4.2厘米。Ⅱ式:口残,斜壁,平底微内凹。器胎厚度达1.3厘米,足径6.5厘米。

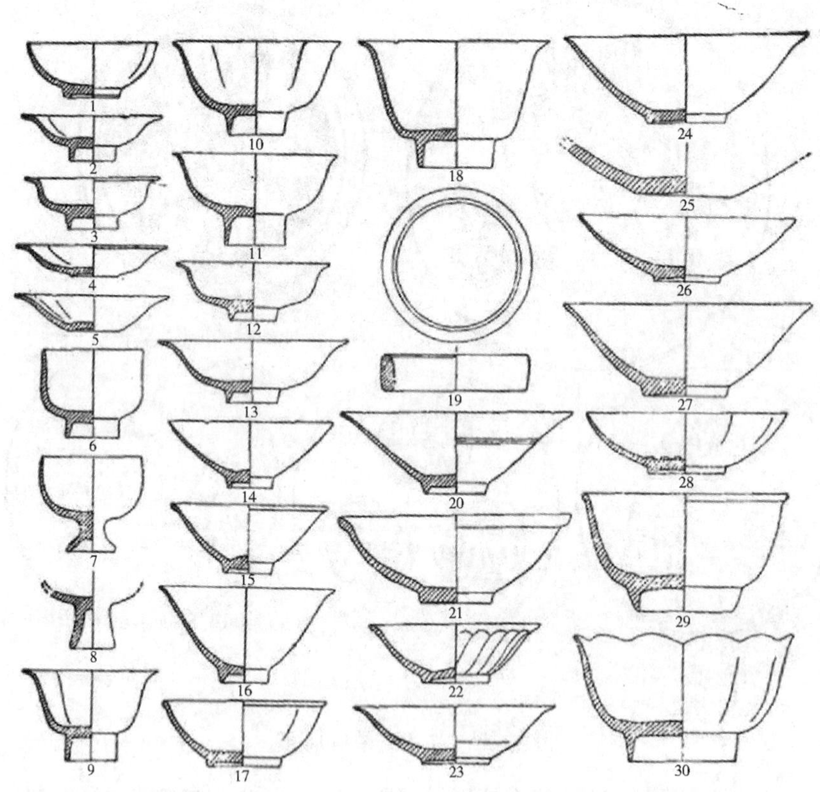

图3-23　各式碗、碟、盏

8. 注壶。侈口束颈，圆弧腹，短直流，矮圈足。口径 6 厘米，腹径 10 ~ 11 厘米，底径 7.5 厘米。

9. 注碗，分二式。Ⅰ式：十瓣葵口，深弧腹，高圈足。高 8.5 厘米，口径 15 厘米，足径 7.6 厘米。Ⅱ式：敞口小圆唇，深弧腹，圈足内斜。高 8 厘米，口径 14 厘米，足径 7.4 厘米。

10. 荡箍。制坯工具，圆环状，内壁有釉，有的可见旋磨痕。箍外径 7.5 ~ 10.6 厘米，高 1.5 ~ 2.5 厘米。

11. 匣钵。多呈漏斗状，高 8 ~ 15 厘米，口径 10 ~ 27 厘米。大小多种，深浅不一。有的刻有数码或姓氏，如“七”“九”“张”等。垫柱：匣钵的基础工具，用以提高匣钵的窑位。粗炻质，圆柱状，不甚规则。垫饼：系瓷器与匣钵的隔离器，圆饼状，褐色炻质，饼径 2.5 ~ 4 厘米，厚 0.9 ~ 2 厘米。

与窑址出土相类似的菊瓣斜条碗在德安县宋景祐四年墓中有出土；高足杯、盏托、注壶、注碗同南城县宋嘉祐二年墓出土的相仿；注壶、注碗与浅碟在铅山县宋元祐元年墓中有出土；同类斗笠盏与划花折腰盘在婺源县宋靖康二年墓中有出土。其中Ⅵ式碗与余干县梅港元至元二十一年墓出土的瓷碗相类似，它们应为元代产品。

柳家湾五代产品光素淡雅，形制浅坦，器多矮圈足，腹部多有瓜棱，采用支钉叠烧法。至北宋时，影青瓷不仅有“假玉”之称，而且形制多仿金银器，葵瓣、葵口、瓜棱盛行。器内划、印花纹，线条流利自如，纹饰多牡丹、芙蓉、菊瓣、云气、水波等，器多高足，斜弧。瓷釉光润细腻，色泽纯正。许多作素面，器呈开片，纹理均匀。元代仅见日用粗器，胎土粗松，釉呈青色，多褐色斑点，器多素面。从匣钵墩堆积切削断面观察，底层多高足盏、葵口盏，中层多斗笠盏、菊瓣斜条碗，上层多划花折腰盘、弧腹碗。各窑口均有盏出土，即饮茶用斗笠盏，足见当时饮茶之风盛行。

图 3－24　宋代柳家湾龙窑遗址

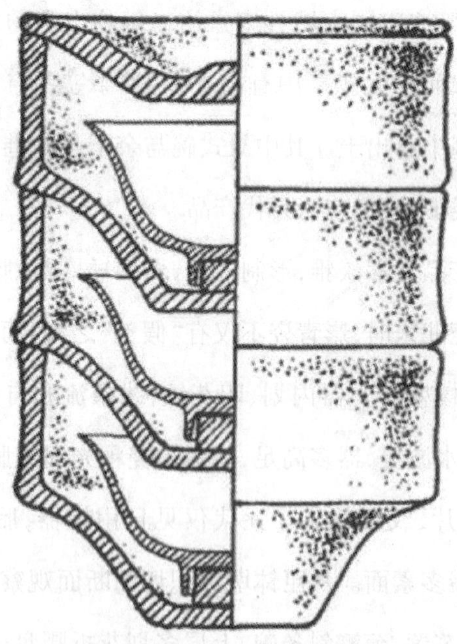

图 3－25　柳家湾窑单件仰烧示意图

柳家湾窑起于五代，全盛于北宋，衰落于南宋早、中期，元代有部分窑口烧造过粗瓷，大规模的烧造则是在北宋晚期。从调查的资料来看，除在金家坞一处发现支钉叠烧法，余皆采用一器一匣仰烧法。仰烧瓷的器底垫泥饼，与匣钵相隔，泥饼直径均小于器物圈足内径，所以器物圈足底光洁。其影青瓷装饰技法主要是刻花，纹饰有牡丹、莲瓣、百合及各种团花。纹饰集中在器心或内壁，布局规则，线条流畅自如。是景德镇北宋时期烧造影青瓷质量较好、规模较大的窑场之一。

二十、南市街古瓷窑址

南市街位于浮梁县寿安镇。北宋初，宁氏、余氏从安徽青阳县迁于此，建村在小南河湾里，称余家湾。后因瓷窑多，商业贸易繁荣形成集市，以地处浮梁县南端而称南市。之后，随着陶瓷业生产的发展，这里逐渐成为集镇，故称南市街。

图 3－26　南市街古瓷窑址裸露的匣钵

南市街古瓷窑址东北距柳家湾约 1.5 千米，遗物分布范围较大，堆积层丰富，较大的遗存有 4 处：一处在村南约 200 米山涧中；一处在村后狮子山黄土岭北斜坡上；一处东起水库，西至小学，北邻公路；一处在西边尽头。分布总面积约 6 万平方米。

该窑址未经清理与试掘，从采集的瓷片标本来看，烧造的是青瓷、白瓷、影青瓷和纯白釉瓷，大规模烧造的是影青瓷。

青瓷为灰胎，白瓷为白胎，产品有碗、盘、壶三类。碗、盘为大足唇口或花口，壶为瓜棱式。器物造型和胎釉与湖田窑五代产品相似，采用的装烧形式亦为支钉叠烧法，故该产品应为五代时烧造。影青瓷胎骨纯白细密，釉面光洁滋润，釉色有淡青、水绿、粉青、浅绿，均清幽淡雅，胎釉较之附近朱溪、西溪等窑址中的影青瓷略佳。尤其是黄土岭堆积的影青瓷片，胎骨极薄、轻巧，釉面晶莹、白里透绿，是优质影青瓷的烧造场地。影青瓷产品有碗、盘、壶、盏、茶托、洗盒等，器物造型与湖田窑宋代影青瓷产品相似，以瓜棱式碗和斗笠碗为多，成型规整，其中斗笠碗器壁平薄可以透光。芒口碗较少，器物较粗劣。

装饰技法主要是划花，亦有少量的印花。纹饰有牡丹、菊花、莲瓣及各种卷草团花，印纹多为双鱼，图案纹饰集中在器心或分布在内壁，格局规则，形象生动。早期产品多为素面，釉面多为开片，纹理均匀细密，有一种特殊的装饰效果。早期的装烧形式采用一器一匣仰烧法，后期采用垫匣覆烧和支圈覆烧法。纯白釉瓷产品多为折腰腕、盘，其瓷胎与影青瓷相同，釉层较乳浊而泛黄。产品均采用带砂渣的垫饼仰烧而成，所以器物圈足外沿的釉层都粘有几颗微小的沙砾。

图 3-27　南市街古瓷窑址上林木葱茏

该遗址兴烧于五代,终烧于元代。其烧造的影青瓷较精,居于景德镇宋代诸窑之上,是当时景德镇的制瓷最高水平。1983 年,南市街古瓷窑址被公布为景德镇市级文物保护单位,是景德镇目前保护状况较好的一处窑址。

二十一、灵珠古瓷窑址

灵珠村位于景德镇市东南的浮梁县寿安镇。元中期,宁氏从福建迁于此,村建在形似乌龟的山前,取名乌龟山。清光绪年间,村民认为乌龟山的村名太俗气,根据乌龟成仙为“灵珠”的传说,雅化为今名。村西与月山下相距约 2 千米,东南侧的白菜园水库有一条小溪经村南流入小南河。灵珠古瓷窑址的遗存主要分布在邻近的 4 个自然小村庄,即义民、乌龟山、娘娘坞、凤凰咀,呈东西方向间隔分布。

义民村在灵珠村西北约 500 米处,周围有 4 处遗存。村西北侧屋背山:遗物由北向南倚山坡堆积,面积达 600 平方米,大部分被毁坏;胶人坞:位于村西北约 400 米处,遗物由南向西傍山坡堆积,面积约 2500 平方米,保存较完好;井坞:位于村东北约 600 米处,遗物由西向东倚山坡堆积,面积约 1300 平方米,部分被破坏;直坞花行山:位于村北约 250 米处,遗物由东向西倚山坡堆积,面积约 1100 平方米。这 4 处遗存瓷片皆为影青瓷碗残片,产品器型有高圈足瓜棱碗、高足大小碗、圈足弧壁唇口碗、圈足敞口大小碗、假圈足敛口小碗、圈足芒口碗等。瓷胎色白细腻,釉色多呈淡青。除井坞一处发现多级垫钵覆烧窑具,其余皆为一器一匣仰烧窑具。

乌龟山即灵珠村,附近有 3 处遗存。村东北 120 米处鸡鸣山,临近公路,堆积面积 800 平方米,保存较好;村东北约 300 米处雷打山,堆积面积约 1200 平方米,保存较好;村东约 300 米处老鼠咀,西临公路,堆积面积约 300 平方米。这 3 处遗存中的产品,除未发现影青芒口瓷,其他的与义民遗存中的相似,装烧形式采用一器一匣仰烧法。

娘娘坞村在灵珠村东北约 700 米处,附近遗存有 2 处。村北约 120 米处为打铁坞口,东临公路,遗物由东向西倚山坡堆积,面积约 3500 平方米;村北约 350 米处为老虎皮,遗物由南向北倚山坡堆积,面积约 800 平方米。这两处遗存中的瓷片均为影青瓷,产品有碗、盘二类,器型为高足碗、实足大碗、圈足折沿花口碗、环足敞口盘、环足花口盘等。装饰有刻花牡丹、水波纹等。瓷胎洁白纯细,釉色淡青,但有刻花纹的瓷片釉色甚佳,釉面有一种晶莹透明的翠绿色调。

凤凰咀在灵珠村东北约 1.2 千米处,附近有 3 处遗存。村西南 400 米处为鸭舌坞,东临小水库,堆积面积约 500 平方米,保存完好;村南约 450 米处为下牛尿岭,堆积面积约 1200 平方米,大部分筑路时被破坏;村北侧为水井窟，东侧为公路，遗物由东向西倚山坡堆积，面积约500平方米，保存完好。这3处遗存，除在水井窟遗存中采集到青瓷和白瓷片，其余均为影青瓷。青瓷和白瓷产品为支钉叠烧的碗、盘类，属五代的产品，且叠压在影青瓷之下。影青瓷产品为碗、盘类，器物特征和娘娘坞村遗存中的相似，均采用一器一匣仰烧法装烧。

图3－28　灵珠古窑遗址

灵珠古窑址最早兴烧于五代，烧造地点仅有水井窟一处，大规模的烧造在宋代早、中期，宋代后期只有义民村的井坞还在烧造。

二十二、丰旺古瓷窑址

丰旺村位于景德镇市东南寿安乡，在柳家湾西南8.5千米处。宋末，李氏从界田（今鹅湖）迁至凤凰山麓转弯处建村，名凤凰湾村。明末，陈氏从崇陵县迁至此村定居。后因农作物一年比一年丰收而改称丰湾。中华人民共和国成立后，此处仍称丰湾，1972年，改村名为丰旺。

丰旺古瓷窑址，东北距丰旺村约 2.5 千米，西面临小南河，周围是丘陵山峦，植被茂盛。窑业遗存均分布在山坡下，共有 11 处。

丰旺村内的 3 处分别在村东北侧的凤凰山、村北侧的屋背山、村西侧的洋村坞，总面积达 6000 平方米。3 处遗存中的遗物大体一致，应属同一时期。产品均为影青瓷，器物有碗、盘二类。碗有圈足腹鼓唇口碗、平实足弧壁撇口碗、环足弧壁撇口碗、高足碗等，盘为圈足浅腹折沿盘或圈足宽边撇沿盘。胎瓷为白色或灰白色，胎质厚实粗劣，釉色淡青，但多数偏灰或泛黄，皆素面无纹，少量有篦纹装饰，器底足内皆无釉。

从采集的瓷片标本观察，器物与景德镇宋代早、中期的影青瓷产品相似，装烧形式亦为宋代早、中期普遍采用的仰烧法装烧，故该窑址烧造时期在宋代早、中期，是当时生产民间日用粗瓷的窑场。

二十三、寺前古瓷窑址

寿安镇位于浮梁县南部，地形为山地丘陵，东部边缘最高峰大游山海拔 675 米。相传唐宋时这里有一百多个寺庙，最大的是“庆寿寺”“隆安寺”。明朝洪武五年，原址上又建了一座“了了庵”，其内发现一个大铜钟，上有“寿安重兴寺”，寿安因此得名。寺前村，位于寿安镇西南面，宋代该地建有寺庙，名石门寺。宋中期，程氏从婺源县迁于此，因建村于石门寺前面而得名。

在寺前村东南的龙王山麓有一“龙池”，呈四方形，纵横数丈，池水碧绿，冬暖夏凉。龙池周边的花四季盛开，池周围山石嶙峋，流水潺潺，令人心旷神怡。池后有一小岩洞，内有一圈井，井泉终年汩汩不息，汇入龙池，故龙池常年有水，数十年一涸。

图 3-29　寺前村龙池

旁有碑刻，篆刻浮梁知县陈安于1917年所写的《龙池三竭记》。龙池百米处又有一泉眼，称“龙眼”，又名间歇泉。龙眼约一米方圆，水深一米许，清澈可鉴眉须。龙眼每日早、中、晚分别涌泉一次，景象奇特，意趣盎然。

村附近的8处遗存分别在村北侧凤凰山、村东北侧小沈家坞、灰窑坞、大坞口火龙岗、大湾田窊、大湾沈家坞、背后坞、灰窑坞口等处，堆积面积达2.5万平方米。采集的瓷片均是影青瓷残器，从残器标本来看，器物以碗居多，其次是盘。器物造型与丰旺村遗存基本一致，但有一种影青斗笠碗却是大湾田窊所独有，其胎骨洁白细薄，釉面光洁透明，呈淡青、淡绿色，器型规整，内壁有划花牡丹纹饰，线条流畅生动，是该窑址中发现的质地最佳的产品。从遗存的叠压关系考察，由于是堆积在地层的表面，应属于该窑址的晚期产品。

该窑址未经清理和发掘,从采集的瓷片标本观察,器物与景德镇宋代早、中期的影青瓷产品相似,且瓷器的装烧形式亦为宋代早、中期普遍采用的仰烧法装烧。故推断,该窑址烧造时期为宋代早、中期,是当时生产民间日用瓷规模较大的窑场。2006—2007 年,该窑址遭有组织地盗挖,破坏严重。

二十四、大屋下古瓷窑址

大屋下村位于浮梁县寿安镇。村东一条小溪连通小南河,东南侧距朱溪窑址约 3 千米。宋末,瓷商在此建窑烧瓷,并建有大屋(大型的坯房、窑房和工人集体住房等生产建筑)。清初,宁氏从朱溪迁入,因在大屋旁建房定居,故村名为大屋下。大屋早已不存,村庄延续至今。

图 3－30　大屋下村远眺

大屋下村古瓷窑址分别有东塘坞、新村窑坞、大屋下屋背山、新村屋背山、内小里李家坞、宁家山、黄土岭、虎山等 8 处。

东塘坞在村北,窑业遗物由北向南倚山坡堆积,面积约400平方米,大部分被破坏。瓷片为影青釉高实足碗、小圈足敞口大碗、假圈足碗等残片。瓷胎一般都坚硬厚实,釉色多泛黄,有篦纹装饰,产品制作较粗。

新村窑坞在村东北约250米处,遗物由南向北倚山坡堆积,面积约800平方米,大部分被破坏。瓷片为影青釉碗、壶残片,壶均为瓜棱式。胎、釉质地与东塘坞遗存器物相似。

大屋下屋背山在村北侧,遗物由南向北倚山坡堆积,面积约7200平方米,大部分被破坏。瓷片为影青釉碗类残片,大多数是灰白色、水青色粗制厚胎。

新村屋背山在村内,遗物堆积面积约10000平方米,全部被破坏。散见于地表的瓷片为影青釉碗、盘、杯等残片。

图3-31　大屋下古窑瓷片、匣钵

内小里李家坞在村西北约400米处,遗物由北向南倚山坡堆积,面积约2600平方米,保存较完好。采集的瓷片为影青釉圈足大碗、假圈足内壁篦纹碗、高足杯、高足鼓腹折沿小碗等残片。瓷胎洁白细腻,釉层均匀洁净,产品较为精巧。

宁家山在村东北约400米处,遗物由南向北倚山坡堆积,面积达6000平方米,保存较完好。采集的瓷片有大足内壁篦纹碗(外壁下层有印棱)、环足撇口小碗、高足碗、小平足弧壁折沿碗等残片,均为影青釉白胎瓷。

黄土岭在村东北约150米处,遗物由东向西倚山坡堆积,面积9500平方米,保存较完好。采集的瓷片有影青瓷碗、盘残片,胎骨浑厚,质地略粗,釉色淡青泛黄。

虎山在村东北约150米处,遗物堆积在山脚,面积约8000平方米,保存较完好。采集的瓷片为影青釉碗类残片,胎质较黄土岭略佳,釉色多是淡青或淡绿,器型规整。

大屋下古瓷窑的产品较单一,几乎是碗类,质量有粗精之分,瓷器的装烧均采用一器一匣仰烧法。其烧造年代在北宋时期,是景德镇北宋时期以烧造影青碗类瓷器为主的规模较大的窑场。

二十五、朱溪古瓷窑址

朱溪村位于景德镇市东南23千米的寿安镇,东北侧距南市街约1.3千米。明正德年间,宁氏从安徽青阳迁于此居住,沿用石山嘴名。相传从前有一地仙从此经过,宁氏以客礼待之,地仙告知此地不宜居,劝搬至山脚下陡坡处(九猪下槽)建村。宁氏从之,搬迁后取名猪陂头,后雅称朱陂头,1949年以后改称朱溪。

朱溪古瓷窑址的遗存分布在朱溪和牛棚两个相邻的自然村附近,共有4处。朱溪村北约400米处为狮子墩遗存,堆积面积约1200平方米,保存较完好;朱溪村西北约250米处为凤凰山口遗存,堆积面积约1600平方米，大部分被破坏；牛栅村西侧为三丘窟遗存，堆积面积约2300平方米，大部分被破坏；牛栅村西侧为板栗山遗存，堆积面积约800平方米，大部分被破坏。

图3－32　朱溪古瓷窑遗址

以上四处遗存中采集的瓷片，为清一色的影青瓷。器物为碗、盘两类，以碗为大宗，盘类稀少。碗的造型多样，有圈足瓜棱碗、圈足斜壁花口碗、圈足弧壁敞口碗、圈足瓜棱折沿碗、假圈足撇口碗、高足碗、大足碗、圈足鼓腹折沿碗等。盘为假圈足唇口或花口盘等，瓷胎为白色，质地细腻，釉色呈淡青、淡绿，亦有小量闪灰泛黄。装饰有划花或简单的篦纹，纹饰有水波、草株、牡丹等。四处遗存均采用一器一匣仰烧法装烧，器物和窑具特征与景德镇北宋早、中期窑址中的相同，其烧造时期当在此时。

朱溪村的后山，有一大型石灰岩溶洞，名诸仙洞，相传古代四方神仙聚居于此潜心修炼，故名。诸仙洞周围山峦叠翠，林木葱郁，修竹婆娑，藤萝蔓绕。洞口高大宽敞，洞内钟乳岩石奇特，千姿百态。“洞宾悬剑”“铁拐醉酒”“洞箫横吹”等几十处惟妙惟肖的景观，奇趣盎然。诸仙洞主洞长数千米，有2千米安装了照明设施，洞外建立了动物园等旅游观光设施。

二十六、宁村古瓷窑址

宁村位于浮梁县寿安镇，处小南河河谷地，始称青溪村。宁村东北与柳家湾相距约4千米，西南与寺前相距约2千米，西北邻近山田坞水库，南临小南河，隔河与平旺村相望。唐代，宁氏、杨氏分别从安徽青阳和江西乐平迁于此定居，改名宁村。

图3－33 宁村古窑遗存

宁村古瓷窑址分布在宁村和平旺村附近，共有 6 处，即宁家坞、窑坞、宁村后背山、上汤坞西山、上汤坞东山、牛栏坞等处。

宁家坞在宁村西约 100 米处，遗存邻近公路，大部分因筑路被夷平，已发现有遗物堆积面积约 600 平方米。遗物倚山坡堆积，坡高数十米。窑坞在宁村东北约 400 米处，东南距小南河约 220 米，遗物堆积面积约 3300 平方米。宁村后背山在村北，遗物倚山坡堆积，面积约 800 平方米。上汤坞西山在平旺村西北约 500 米处，南临公路，遗物由南向北倚山坡堆积，面积约 700 平方米。上汤坞东山在平旺村西北，西距上汤坞西山约 100 米，遗物堆积面积约 1800 平方米。

该窑址未经清理发掘，故底层遗物不明，从暴露在表层的遗物来看，遗物均为影青瓷。影青器主要是碗类，胎质釉色和器物造型与平旺村内遗存相同，装烧形式采用一器一匣仰烧法。据此推断，该窑址的烧造当止于北宋时期，是一个烧造民间日用粗瓷的窑场。

二十七、富坑古瓷窑址

富坑村隶属浮梁县寿安乡，东侧隔小南河，与月山相距约 1.5 千米，西侧距三宝蓬古瓷矿区约 2.5 千米，位于巴草坞尖东麓峡谷中。明代，富氏从福建迁于此定居，称富坑。清初，胡氏从婺源迁入，村名沿旧。

富坑窑业遗存有 2 处，一在村北谢家蓬，一在村南何家蓬。谢家蓬遗存保存较好，遗物由南向西倚山坡堆积，面积约 1200 平方米。采集的瓷片均为影青瓷，器物为足底无釉的大、小碗类，装烧形式为一器一匣垫饼仰烧。

何家蓬遗存堆积在一个小山坡上，东西约 140 米，南北约 63 米，坡高近 10 米。采集的瓷片、器物为高圈足小碗、假圈足撇口碗、假圈足大碗等,均为影青瓷,瓷胎洁白细腻,釉面晶莹透明,纹饰以简单的篦纹为多,亦见少量草株类刻花纹样。瓷器的装烧形式与谢家蓬遗存相同。

从器物特征和装烧形式判断,该窑址烧造年代在北宋早、中期,之后停烧废弃。

二十八、凉伞树下古瓷窑址

凉伞树下村位于景德镇市寿安镇,西临小南河,东傍山丘,北接月山下,南接柳家湾,分别相距约 2.5 千米。元中期,乐氏从福建迁于此建村,村旁有棵古楮树,枝叶繁茂,笼罩成荫,形似雨伞,故名。

凉伞树下古瓷窑址在村北侧水库坝,堆积面积约 400 平方米,厚度 0.6 ~ 1.2 米。因修建水库,有一部分遗存被毁坏。

该窑址未经发掘,从一暴露的遗存断面考察可知,遗物堆积可分两层:底层为支钉叠烧青瓷和白瓷;上层为一器一匣仰烧影青瓷;青瓷胎为灰色,质地粗疏,釉色偏灰;白瓷胎为白色,胎质较纯细,釉色闪灰或闪黄;影青瓷胎质较佳,釉面透明光亮,釉色淡青或泛白。根据采集的瓷片辨别,产品有青釉大圈足唇口或撇口碗、白釉圈足唇口或撇口碗、白釉大足折腰盘、影青釉圈足鼓腹撇口或唇口碗、影青釉高足壁碗、影青釉折腰撇口盘等。影青瓷碗外壁有刻花纹饰,纹样有简笔牡丹或卷草等。

根据上述考察资料认定,该窑址兴烧于五代,终烧于宋代中、后期。由于该窑址遗物叠压关系清晰,这为考察研究景德镇五代至北宋制瓷工艺的演变过程,提供了具有重要参考价值的实物资料。

二十九、月山下古瓷窑址

月山村位于浮梁县寿安镇,村东南与柳家湾窑址相距约 3 千米,西面

有小南河连通南河。元中叶，叶氏从建昌县迁于此，村建在半月形的小山脚下而得名。

窑址遗存在村东南350米的小学西南侧，遗物由西向东倚山坡堆积，宽约15米，纵深约45米，堆积物由坡脚到坡顶逐渐减少。从堆积物的分布状态可看出，当时窑身较长，从下而上恰好形成一平缓的坡度，窑头低，窑尾高，形状似龙，应属阶梯式龙窑。遗存小部分被辟为菜地，在暴露出的断层中采集到大量影青瓷片，经辨别均为圈足撇口碗残器。瓷胎为白色，胎骨坚致细密。釉面滋润，釉层有透明感，呈浅绿色或米黄色，均清亮光洁、幽倩雅淡。瓷片多为素面器物，釉面有开片，纹理均匀细密，有一种特殊的装饰效果。

该窑址产品单一，主要是碗类，瓷器装烧采用一器一匣仰烧形式。从器物特征和装烧形式判断，该窑址烧造于北宋时期，窑址保存较好。

三十、西溪古瓷窑址

该窑址位于浮梁县寿安镇西溪村，东侧与柳家湾相距约2千米，西临小南河，遗址分布在屋后山、窑间垄、背后坞口3处。

屋后山在村北侧，遗物由南向北倚山坡堆积，面积约10000平方米，大部分被破坏；窑间垄在村西100米处，东南侧临近小南河，遗物堆积面积4000平方米，大部分被开垦成菜地；背后坞口在村东南侧，遗物堆积在小山坡上，面积约2000平方米，遗存表层被辟为菜地。

该窑址烧造时间在宋代早、中期，主要烧造影青瓷，产品为民间日用瓷大、小碗类。器物造型有高实足浅腹腕、圈足莲瓣花口撇沿碗、环足瓜棱折沿碗、圈足敛口小碗、圈足折腹敞口小碗、大足瓜棱碗、小足敞口碗、圈足花口碗。纹饰以篦纹为主，亦有少量的划花牡丹。碗的大小各异，一般为口径 12 ~ 18 厘米,足径 3 ~ 5.5 厘米,高 6 ~ 12 厘米。瓷胎为白色,亦有呈灰白色的,胎质略粗。釉为青蓝、淡绿或泛黄色,釉面多见细裂纹,此类器物无装饰纹样,但有一种特殊的装饰效果。该窑址烧造瓷器采用的是一器一匣仰烧形式,窑具有矮壁、平底、漏斗式匣钵、陶质圆饼状垫饼。

乐平市古窑址

一、南窑遗址

南窑村位于乐平市接渡镇南窑村东北(原接渡乡南窑村东南侧)。1964 年,南窑遗址由江西省文物管理委员会调查发现,1983 年乐平县人民政府公布其为县级文物保护单位。2011 年和 2013 年,江西省文物考古研究所联合有关单位对其进行调查和考古发掘。2014 年 4 月,唐代南窑遗址考古发掘被评为 2013 年度全国十大考古新发现。

南窑遗址文化层堆积厚达 1 ~ 3 米,最深处超过 5 米,规模宏大,分布面积仅窑山就超过 3 万平方米,且保存完好。通过发掘 $5 \times 5m^2$ 探方 36 个,揭示龙窑遗迹 2 座、灰坑 9 个、灰沟 1 条、道路遗迹 1 条,总计揭露面积 1000 多平方米,出土大量窑具和瓷片标本,重达数十吨。这在全国同类窑址中也少见。

南窑遗址的遗存丰富,包含了取土的白土塘,运输原料的江湖塘、溪坑、码头,陈腐池以及烧造产品的窑炉等反映制瓷工艺流程的作坊遗迹,各道工序的遗迹齐全。这些遗迹保存较好,布局有序,无论从整体规模还是制瓷工艺流程等方面,都能够反映南窑唐代制瓷的真实面貌,这在以往景德镇古代瓷窑遗址考古发掘资料中也不多见,在南方地区也十分罕见,为研究唐代南窑的制瓷技术提供了实物资料。

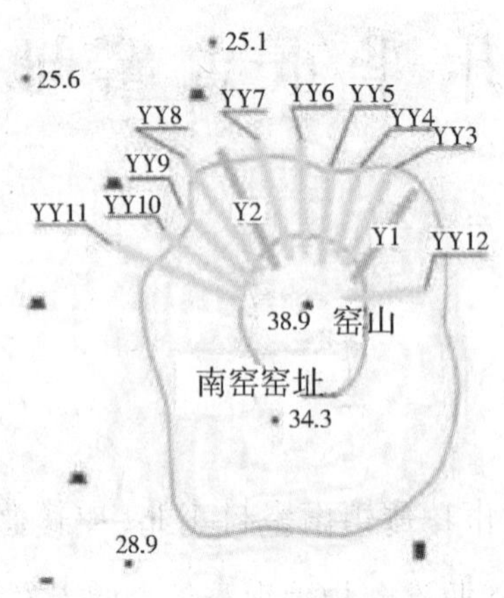

图 4－1　南窑遗址龙窑遗迹分布图

南窑村窑山北部散布着大量窑具和瓷器残片，东西最宽 200 米，南北最长 153 米，地表可见明显的脊状堆积。在两条脊状堆积之间的低洼处，分布着一条条龙窑遗迹。在 3 万平方米的山头上（窑山），由中心高点向东、北、西方向扇形分布着 12 条龙窑，长度均在 60 米以上，是我国迄今发现窑炉分布最密集、布局最有规律、瓷业生产组织最严密的唐代窑场。考古发掘的一条龙窑遗迹斜长 78. 8 米，宽 1. 6 ~2. 04 米，残高 0 ~0. 6 米，窑头坡度前 16 米为 10°，后段为 13°，窑顶坍塌，其中烧结块带窑汗一侧留有竹藤痕迹，推断为使用竹藤材料起拱，用泥糊砌。龙窑由窑前工作面、火膛、窑室、窑壁等几部分组成，结构完整，北壁保留有十三处窑门，窑室中多处保留原始的支烧状态，是迄今我国考古发掘最长的唐代青瓷龙窑遗迹。此外，南窑还发现了方形减火坑，表明南窑是我国最早使用减火坑技术的窑场，是晚期分室龙窑的发端。

相比江西丰城洪州窑遗址 21. 6 米的初唐龙窑，浮梁兰田村 28. 7 米的中晚唐龙窑、湖南长沙 41 米的谭家坡唐代龙窑以及福建将口窑 52 米的唐代龙窑,78.8 米的乐平唐代南窑无可争议为长度之冠,也是当时景德镇出土最完整的窑炉遗址,填补了景德镇地区早期窑炉形制资料。

南窑所烧瓷器品种多样,有青釉瓷、酱黑釉瓷、青釉褐斑瓷、青釉褐色彩绘瓷以及素胎器,以青釉瓷器为主。器物造型典雅,胎质细腻,釉层均匀,釉色莹润,形成了独具特色、个性鲜明、具有包容性和开创性的风格。器物以素面为主,追求釉面的效果,兼具釉斑和彩绘装饰,装饰方法有模印、褐斑和褐色彩绘。其中彩绘瓷器分为素胎褐彩、青釉涩胎褐彩、釉下褐彩三种。素胎褐彩瓷器外壁褐彩八卦纹,其下褐色彩绘"西""西北""西南"款。青釉涩胎褐彩瓷器有水盂、碗、钵等,均为内外壁半施釉。彩绘内容多为字款,如"才""宝"等,也有纹样、符号之类,褐彩大多在碗钵的内底,个别在外足底。青釉下褐彩主要是罐、碗、水盂,内容多为简笔缠枝花草纹,彩绘位置主要在罐类的肩腹部及碗类的内腹壁。

南窑器型丰富,以碗、盘、双系瓶居多。碗盘类器流行圆饼足、玉璧底,见少量的圈足碗。还发现穿带壶、人面埙、茶碾、瓷杈、砚滴等罕见的器物。产品中腰鼓、夹耳盖罐和器形硕大的大碗器,显示了唐代赣鄱与西域交流频繁的史实。夹耳盖罐是公元 800 年前后出现的新产品,是随着海上陶瓷之路的兴起而出现的,表明南窑还是唐代重要的外销瓷器生产基地之一。产品的烧造采用南方地区流行的龙窑,多数采用明火烧造,少量高档产品采用匣钵装烧工艺,烧造技法和装饰艺术富有特色,有的技术走在同时期窑场的前列。南窑窑炉发掘清理时,发现窑炉窑床上也保存一些窑柱,窑柱成组分布,集中在窑炉的 13 个侧门附近,窑门之间的中间部位几乎没有窑柱分布。这说明当时的龙窑里并不是装满器物烧造,而是仅在便于装窑和烧火的窑门附近放置器物。

图 4-2　龙窑窑床内支座

从采集的标本观察，器物胎厚质粗，施蟹壳釉、酱褐釉和黄褐釉，釉均不及底。遗物以碗居多，次为盘、钵、壶、罐以及窑具、垫托等。

碗可分二式，以Ⅰ式碗为多数，敞口、腹较深、假圈足、底心稍内凹，器内外施青褐色釉，腹下部至底部露素胎，釉不匀，有的呈泪痕状，碗及碗底有火烧痕迹。一件口径 17.4 厘米，底径 7.6 厘米，高 7 厘米。Ⅱ式碗为敞口，腹较浅，其釉色与Ⅰ式相同，一件口径 20 厘米，底径 9 厘米，高 5.5 厘米。

钵的器型都较大,敞口、深腹、小底、唇稍敛、假圈足。底内稍内凹,唇外边有一道弦状纹。器型内外施青褐釉或酱褐釉。腹下部至底部露素胎。釉不匀,有流痕状,一件口径23厘米、底径9厘米,高10.5厘米。

盘底内外都有一道道圆的支钉痕,可分二式,以Ⅰ式盘居多。Ⅰ式器型一般较小,敞口、浅腹、小底、底心均向内凹,胎多呈灰红色,少数为红色,通体施酱褐釉,但多已剥落,采集到完整器物五件。口径12.5~15厘米,高1~2厘米。Ⅱ式器型特大,敞口、浅腹、唇沿外卷,小底内凹,胎质灰褐,均施青褐色釉。

罐一般为短颈、口稍侈、底内凹,肩部多附双系,多为桥形,或横或竖,釉色多呈青褐或酱褐,且有细冰裂纹。此外,还有一种盘口罐。

壶多为直口长颈,腹鼓而长,壁内外多施黑褐色或酱褐色釉,有细冰裂纹,肩部饰一道深弦纹,质地粗厚。

窑具有匣钵和垫托。匣钵均呈圆柱形,凹底,质地粗糙,多为粗红砂或灰砂质,表面呈红褐色或灰褐色,大小不一,可分三式。Ⅰ式:体大身高,一件高10.5厘米,厚1.5厘米,罐、壶、钵之类器物都装在此种匣钵中烧成。Ⅱ式:器型最小,用来装烧浅小碟之类的工具,垫托只发现有垫座一种,座面平,其下似喇叭形圈足,是坯与匣钵之间的间隔物。此外,遗物中还有一种喇叭形窑具,内空,下侧有一小孔,高14厘米,口径8.5厘米。

南窑高档器物多采用匣钵装烧工艺,青釉碗、盘、罐类器物的形制、装烧方法与湖南长沙窑、江西洪州窑、浙江越窑同期的器物相似,尤其是模印方形系罐、大块褐斑壶、釉下褐彩瓷与长沙窑类同,制作工艺如出一辙,其最早烧造时间应在公元800年。从上层出土的少量圈足碗与酱釉执壶、碗等器物增多的特征判断,停止烧造时间应在公元900年。上海博物馆对5件南窑瓷器技术测定,年代在980—1050年。考虑误差,南窑器物基本对应在830—900年，表明其始烧于中唐，兴盛中晚唐，衰落于晚唐，距今1200多年。南窑遗址是瓷都景德镇境内目前已知最早的瓷业遗存，将瓷都景德镇的制瓷历史向前推进了200年。

南窑地处乐安河中游，临近鄱阳湖东岸，水运便利。在西部长沙窑陶瓷技术的传播，东部越窑陶瓷文化西进的影响，以及北部鲁山窑陶瓷文化的辐射等多重因素作用下，受洪州窑青瓷文化长期熏陶的工匠，抓住洪州窑青瓷类型窑场衰落，越窑、婺州窑、寻乌窑等青瓷类型窑场在江西地区还没有完全兴盛的时机，充分利用当地发达的水运交通便利和丰富的瓷土、窑柴资源，兴建起南窑烧造瓷器。南窑的烧造规模大、时间久，并形成特色，是瓷都景德镇"工匠八方来，器成天下走"的先声，为宋元时期景德镇瓷业一枝独秀，明清景德镇瓷都的兴起奠定了坚实的技术基础。

二、涌山古人类洞穴遗址

"新平治陶，始于汉世"。这是《浮梁县志》(清·道光版)对景德镇瓷器起源时间的记载，但没有发现任何佐证的实物。近年来，乐平南窑的考古发掘，将景德镇地区有考古实物支撑的陶瓷生产起源向前推进到唐代中叶。那么，在唐代之前，景德镇地区有瓷器生产吗？或者说有早期的瓷器或陶器吗？乐平市涌山镇旧石器时代古人类洞穴遗址（以下简称涌山洞穴遗址）的考古发现，或许可以让我们对景德镇陶瓷起源多一些了解。

居室与水源是人类赖以生存的两大基本要素。远古时期，人类还不会建造房屋时，洞穴就是最好的藏身之处，因为山洞既可以避风雨寒暑、抵御猛兽侵袭，又可储藏食物、保护火种，方便生活。乐平市涌山镇的洞穴遗址就具备这些条件。

图 4－3　涌山古人类洞穴遗址

涌山洞穴遗址位于乐平市北 33 千米涌山镇涌山村鸡公山山腰仙岩洞内，遗址高出涌山溪 200 米，山脚下地势平坦开阔，进洞需要攀缘陡峭的山岩，能抵御野兽侵扰。涌山洞穴遗址是一处石灰岩溶洞，高 9 米，宽 15 米，向东呈椭圆形，入洞后约 25°斜坡倾向洞底，并且洞身逐渐变窄。在 30 米处洞身最窄，约 2 米高，3 米宽，洞底渐高，再进 150 米至涌山洞穴尽头，全长约 200 米，洞底平坦，洞壁有水流痕迹。在山脚下不远处有一条涌山河，水流不断，这样的环境非常适宜古人居住。

1947 年以前，江西地质调查所负责人章人骏首次对涌山洞穴进行地质调查，发现“大熊猫—剑齿象”动物化石，后经专家鉴定，属于华南“大熊猫—剑齿象”动物群。1962 年 11 月，中国科学院古脊椎动物与古人类研究所在江西省文物管理委员会的协助下，对涌山洞穴遗址进行科学发掘，发现了大量动物化石和原始人使用的工具——石英质石片。经我国著名的旧石器考古专家、古人类学家贾兰坡先生鉴定，涌山洞穴遗址为“旧石器时代晚期”洞穴遗址。动物化石原件大部分保存在中国科学院古脊椎动物与古人类研究所，小部分保存在乐平市博物馆。涌山洞穴遗址是江西省仅有的三处旧石器时代洞穴遗址之一，具有重要的考古价值。

徐裕西是江西省乐平市涌山镇张家店村村民。2002 年，当发现鸡公山上的古人类洞穴遗址遭到破坏后，他便萌生了保护涌山洞穴遗址的想法。十几年来，他多方筹资，为洞穴遗址安装铁门、凿岩修路，在山上建房、山下建馆，将毕生经营所得近千万元全部投入在文化遗址的保护上。在修建古人类遗址栈道的过程中，他发现了一个奇怪的现象：随便在山体哪里开挖，都能挖出陶片甚至是几乎完整的陶罐。几年中，徐裕西陆续发现并收集了一批古代遗存品物，其中有石器、动物化石、软陶、硬陶、原始瓷和青花瓷等实物。经过鉴定，32 件文物中包括新石器时代的陶鼎足（距今约 5000 年）、商代陶片（距今 3300 年）、西周原始青瓷豆（距今约 3000 年），旁证了景德镇地区悠久的制瓷、制陶历史，具有较高的考古研究价值，这些文物全部存放在乐平市博物馆。

从 2009 年开始，徐裕西在悬崖峭壁上修建水泥栈道和游步道，将保护涌山古人类洞穴遗址、建博物馆和旅游开发结合起来，发挥其社会效益。“出土文物也有灵气，只有让它们重回故里，才更具生命力。我有个夙愿，想让那些在鸡公山出土的文物回到原址。”乐平博物馆副馆长余庆民表态说只要徐裕西在遗址旁建博物馆，不但奉还他在乐平市博物馆寄存的文物，而且连同 20 世纪出土并存放在该馆的文物全部奉还。

2011 年，沉寂了数十年的涌山洞穴遗址再次引发考古界的高度关注。5 月，国内众多考古界和古陶瓷研究界专家齐聚涌山镇鸡公山，进行了一场持续数日的涌山镇旧石器遗址专家调查咨询会，再次发现了大量的原始软陶、夹砂夹炭陶、红陶、灰陶等，几乎涉及各个历史阶段、各种品类的陶器、陶片。

中国陶瓷文化研究所陶瓷与研究中心主任、景德镇陶瓷学院教授曹建文说："万年仙人洞是中国发现最早陶器的地方，有两万年历史。"而乐平涌山仙岩洞遗址出土的陶片，它的年代和万年出土的陶器历史非常接近。"涌山洞穴遗址的文化内涵非常丰富，涵盖了旧石器时代、新石器时代直至商周时代的古人类文明发展史，发现了旧石器时代的大量动物化石和原始人使用的工具——石英质石片打制石器，有新石器时代和商周时期的古陶器，人类起源发展完整过程在这里都可以找到踪迹。这在中国古人类文化遗产里面，是从来没有过的。"考古学者余庆民说。

2014 年 12 月 27 日，由徐裕西倾其所有建成的涌山古人类和古陶瓷文化馆正式开馆，吸引了考古专家和古陶瓷研究学者前来参加交流。有专家语出惊人："陶器时代始于涌山。只要努力发掘，涌山洞穴遗址就可能发现古人类化石。"当地村民对徐裕西倾力保护国家文化遗址十分支持，十里八乡的村民都将自己原来在鸡公山上挖到的文物捐献给涌山古人类和古陶瓷文化馆。

文化馆共分 3 层，每层占地一亩。一楼存放了 20 余尊石雕，包括熊猫、大象、野猪、梅花鹿、狮子、老虎等，最引人注目的是黑猩猩和猿人，在声光电设备的映照下，还原旧石器时代鸡公山的面貌，让你仿佛置身于史前文明中；二楼为图文展室，重点介绍鸡公山历史和周边的历史遗迹；三楼陈设、展示历年收集的出土文物。涌山古人类和古陶瓷文化馆的建成，与涌山村明清古建筑群交相辉映，不仅保护了国家文物，而且推动了涌山镇文化旅游产业的发展。徐裕西荣获首届江西中华文化人物奖，涌山村获评江西省第四批省级历史文化名村。

图4－4　赣鄱古人类文化遗址游览城

涌山周边蕴藏瓷石、胎釉等制瓷原料。以涌山为中心的周边遗址群有很多制陶、制瓷遗址。如商周时期的原始遗址、唐代瓷业的南窑遗址、元明时期的丰旺窑遗址、明代的华家窑遗址、南北朝时期的闵口窑遗址等。同时，在涌山周边塔前镇的界首村是出产瓷土的地方。南宋时期，蒋祈著的《陶记》中提到了界首的瓷石，《陶记》也是中国第一部陶瓷专著。

经过60多年的考古论证和数代人的文化寻根，涌山洞穴发现了陶器，说明正是穴居于涌山洞穴的景德镇祖先们，发明制作原始陶器，由“石器时代”进入“陶器时代”，开启了景德镇薪火相传、生生不息的陶瓷文明史。从新石器时代的原始陶器到商周时期的陶器，再到唐宋时期的青釉瓷，都在乐平涌山周边的古窑址、古遗存堆积中发现，涌山石器时代遗址所标志的人类制陶历史到现在有一万多年，在景德镇地区传承发展，经久不息,从来没有间断过,是世界陶瓷史上唯一一个未曾中断过的圣地。涌山的石器时代遗址就是中国陶瓷历史的活化石,标志着景德镇不仅是千年瓷都,也是万年陶邑。

三、华家青花瓷窑址

华家窑址位于乐平城东郊约 4 千米的接渡镇华家窑上村,乐安江水自东而西流经村侧,窑址即位于乐安江北岸的冲积平原上,与翥山隔河相望。翥山盛产瓷土和瓷釉矿原料,瓷窑烧造原料取自该地。

华家村古称永靖镇,旧名上窑、下窑村,传说古代有 18 大窑场。在上窑、下窑村后侧,现尚有大窑堆 5 座,地表瓷片、匣钵、陶垫饼以及其他窑具等物俯拾即是,绵延长 300 米。窑堆中尚有窑墓埋藏。几年前,农民取土时发现一处大窑墓,外壁用砖石砌成,呈圆形,现砖石虽已取去,但形迹仍存。《乐平县志》载:在县城东十里窑上华家,有窑址古迹。《中国陶瓷史》中亦有关于华家青花窑的记载。

乐平华家古瓷窑为明代青花瓷窑。《乐平县志》卷二《城池》条目记有:“永靖镇、嘉兴镇,府志以上二镇,因明嘉靖庚子,浮梁扰攘,奉上司创立。然求土不佳,嘉兴寻废,永靖虽存,瓷多粗恶,而岁亦渐替矣。今东门外沿河诸村,犹有窑上,匣厂等地,是其遗迹也。”1962 年,江西省考古队在华家、匣厂、张家桥等地进行调查,1982 年景德镇市博物馆进行复查。从调查的瓷片标本观察,产品多为青花瓷。

器型为民间日用器皿碗、盘、碟、盅之类。外壁有人物、奔马、八卦、菊花、缠枝花卉、变形梵文等纹样。花纹无一定规律,其中以双鸟对飞于云彩中的纹饰最有特色。碗心画有鱼、蟹、兔纹、菊花、牡丹和竹枝花卉,或写有“万福攸同”“钱形”“长命富贵”“双圆方框”“高贵佳器”“玉堂佳器”

以及“福”“寿”“贵”“春”“正”等吉祥字，碗底常见“大明年造”“大明宣德年造”等字样，少数碗底亦见“南溪”字样以及“永靖镇造”款铭。

胎质分粗细两种，粗胎质较厚重，釉汗呈青灰色，青花较淡，细胎质白而薄，釉色晶莹，青花色调清新明晰，在圈足靠外壁一面轻度削胎，为防止搭釉，垫烧时放以细砂。

碗可分二式。Ⅰ式：口沿外撇，沿下收颔，腹壁弧度不大，矮圈足，高5.9厘米，口径13.9厘米，底径5厘米。Ⅱ式：敞口，腹壁平直，矮圈足6.7厘米，口径13.7厘米，底径5厘米。

盘：宽边平斜外坦，浅腹，矮圈足，高3.2厘米，口径13.8厘米，底径9厘米。盘折沿，盘外边及腹间饰缠枝菊花。盘底写方框“福”字，另一件盘心绵松鹤纹，底部有“大明宣德年造”六字双排款。圈足，外边饰缠枝蔓草纹，胎有粗细两种，均全器满釉，仅圈足外露胎。

碟：口沿外撇，沿下收颔，浅腹，圈足，高2.3厘米，口径3.5厘米，底径7.5厘米。一般碟心饰折枝花卉，外壁饰缠枝花卉，有少数碟身为八瓣形，外壁饰蜜蜂、折枝花纹，内壁饰有“婴戏图”或“逍遥图”，胎质亦分粗细两种，均全器满釉。

盅：敞口、深腹、圈足，腹外壁及盅心饰小朵花纹，全器满釉。

窑具有灰砂匣钵和瓷胎扁垫。

根据文献记载和遗物的造型、釉色分析，华家窑当为明代嘉靖年间瓷窑遗址。1988年，华家青花瓷窑址被公布为景德镇市级文物保护单位。

四、张家桥古瓷窑址

张家桥古称嘉兴镇，旧名窑上村。张家桥窑址坐落在乐平市西南郊2千米的张家桥村边，此处西北石山耸立，乐安江从西侧流过，窑址位于近山临水的一个冲积平原上，又名潘家窑。窑场分布在近江约 500 米的条形地带。由于烧造时间短，规模小，加之平整耕地的关系，因此留存的堆积物极少。从瓷片观察，产品主要是青花，亦有青釉器，器型为碗、盘、盅、高足杯之类，以碗为主，青花瓷胎分粗细两种，纹饰有人物、马、八卦、折枝、缠枝花卉、变形梵文、鱼、蟹、兔、菊、牡丹等。造型风格与华家、匣厂窑相同。青釉器多碗、高足杯之类，胎质较粗，釉色青黄，有粗细两种。

碗可分二式，胎质釉色和造型风格，与华家窑Ⅰ、Ⅱ式碗同，碗外壁画有松石、飞禽、奔马，变形梵文等纹样，碗心画折枝牡丹等纹饰，碗底常见“大明年造”四字双排款。

盘：均宽边，浅腹，短圈足，胎质釉色及造型风格与华家窑出土的盘相同。

盅：口沿外撇，腹壁深直，圆饼形底足，底心凹，唇内沿轻度削胎，底足外壁重度削胎，高 4.1 厘米，口径 7 厘米，底径 2.5 厘米。全器施深影青釉，底足露胎，盅心圆，施釉，边圈露胎，盅壁只画粗笔兰草纹。盅底写“大明年造”四字双排款，胎质细腻，釉质光润，全器满釉，仅圈足外沿削胎外无釉。

高足杯分青花、青釉两种。青花残器两件，均为竹节形足，足中空，杯心画花草或写“福”字，全器满釉，仅足底削胎处无釉；青釉敞口杯，唇外坦，竹节形足，足底心内凹，全器满釉，仅足露胎，高 9.8 厘米，口径 11 厘米，底径 3.3 厘米。

窑具有匣钵和垫饼，与华家窑相同。垫饼薄而扁平、圆形、直径 7 厘米，厚 0.6 厘米。匣钵为灰砂缸胎，直口，边沿下骤折，逐渐收底成尖平底，底内微内凹，高 9 厘米，口径 18.3 厘米。

《明实录》载，嘉靖十九年浮梁大水，嘉靖二十年岁饥食。景德镇作坊主趁机不付乐平籍陶工的工资，引起械斗，最后“尽遣逐之”。乐籍陶工为了生存“遂行劫夺”。湖田窑离乐平最近，首当其冲。这次事件加速了湖田窑的衰落，景德镇制瓷业也加快向珠山周边集中。返回乐平县的陶工因人数太多，没有生活来源，成为社会的不安定因素。负责处理这一事件的上级官员便决定在乐平将华家村一带改称永靖镇，将张家桥一带改称嘉兴镇，两镇同时设立，取“嘉靖永兴”之意，在两镇建窑烧造瓷器。其生产工艺虽然是全套照搬景德镇的，但由于乐平境内缺乏优质高岭土，其产品只能达到景瓷中下档的水平。

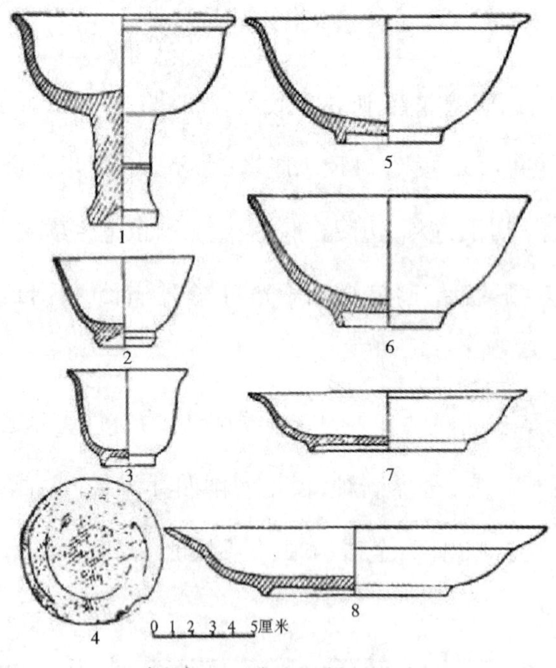

1.高足杯　2、3.盅　4.垫饼　5.Ⅰ式碗
6.Ⅱ式碗　7.碟　8.盘

图4－5　出土瓷器器型示意图

江西省博物馆《江西乐平明代青花窑址调查》表明，华家窑堆积最丰，制品除有“大明年造”“万福攸同”“富贵佳器”“长命富贵”“福”“寿”等题记外，还有写“永靖镇造”款的。华家等窑的产品粗劣，只争得景德镇的部分内销市场，在与景德镇窑的竞争中走向衰落。万历后期，由于景德镇制瓷业进入工场手工业时期，“镇上佣工每日不下数万人”（王世懋《二酉委谭》），因此需要大量的劳动力，特别是有一技之长的陶工，而彼时华家窑已无法再维持下去，嘉兴镇窑已先停烧，永靖镇窑后废，其陶工只有重新回到景德镇谋求生存，而嘉靖时的械斗早已被人们淡忘。

从遗物的造型特征与釉色来分析，附近的匣厂窑和张家桥窑（嘉兴镇）规模不及华家窑，三处产品大致相同，对于鉴定青花瓷的时代和窑口，均有参考价值。同时，这两处窑址的遗存瓷片表明，它与景德镇同时期民间青花瓷在造型、装饰和款记上具有的共同特征外，也有其自己的地方特色。1983 年华家窑被公布为市级文物保护单位。

五、丰源古瓷窑址

丰源窑址位于离乐平市城区 45 千米的十里岗垦殖场丰源村东南侧灯盏下，西侧是“三八”水库，东侧是瓷土矿场，再往东是长乐河。1981 年，丰源瓷土矿厂在勘察过程中，开掘土坑数处，从露出的窑色断面观察，堆积层达 2 ~3 米。1982 年 9 月上旬，乐平博物馆在文物普查中，测得该窑址面积达 5 万平方米。

窑址未经发掘，从瓷片标本观察，以烧造青釉瓷器为主，兼烧酱褐釉及少量黑釉瓷。青釉瓷绝大多数呈豆青色，器物以碗、盘、高足杯、盅、碟、灯油盏、罐为大宗。青釉瓷器物普遍胎浑厚,瓷质纯细。酱褐釉瓷制作上较为粗糙,釉色晦暗。丰源瓷的装饰手法是印花,图案严谨,布局对称。

青釉瓷碗可分五式。

Ⅰ式:敞口,卷沿外侈,弧腹,浅圈足,胎骨浑厚,呈豆青色,内外壁及底,素面,内底有一涩圈,口径14厘米,高6.5厘米。

Ⅱ式:敞口,厚圆唇,斜腹,矮圈足,足内敛,内外施青釉及底,呈豆青色,内底有一涩圈,素面,口径13厘米,高5厘米。

Ⅲ式:敞口,沿外卷,斜壁,敛圈足,厚底,胎骨平薄,内外壁施青釉不及底,内底有一涩圈,素面,口径16厘米,高6.8厘米。

Ⅳ式:敞口,厚圆唇,弧腹,胎骨浑厚,内外壁满釉及底,呈豆青色,内壁饰印菊花、莲瓣、缠枝叶花纹,内底有一涩圈,口径7厘米,高7厘米。

Ⅴ式:敞口、圆唇、斜腹,厚圈足,外壁施青釉不及底,内壁满釉,呈土黄色。釉下有棕眼及泪痕状,开细冰裂纹,素面,器物完整,口径16厘米,高7.5厘米。

盘可分二式。

Ⅰ式:宽沿外折,敞口,浅腹,厚圈足。内外壁满釉及底,呈豆青色,釉面平滑,晶莹发亮,开细冰裂纹。内壁印有菊、莲、缠枝花叶、铜钱等纹样,胎骨厚重,切削规整,口径20厘米,高4厘米。

Ⅱ式:宽圆唇外折,敞口,浅斜壁,矮圈足,内外壁满釉及底,呈豆青色,素面,器物完整,口径17厘米,高5厘米。

盅:直口微内敛,鼓腹,腹下骤收,小平底,内外壁施青釉,外壁不及底,呈豆青色,口径3厘米,高4厘米。

高足杯:直腹,口微内敛,腹下骤收,足外撇,呈喇叭状,足柄中部有二

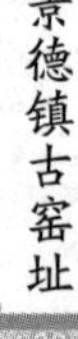

道凸弦纹,足底内凹,内外壁施青釉及底,呈豆青色,釉色晶莹润亮,口径8厘米,高9厘米。

碟:规格大小不一,器型相仿,圆唇外撇,壁微鼓,矮圈足,胎骨浑厚,内外壁无釉,口径11~13.5厘米,高2~3厘米。

酱褐釉碗:敞口,斜壁,圈足,内外壁满釉及底,器壁平滑,内底有一涩圈,口径15厘米,高6厘米。

灯盏:分有耳与无耳二式,器型相仿,大小不一,敞口,直唇外侈,斜壁。内壁满釉,外壁无釉,器型纤小,口径6~8.5厘米,高2厘米。

罐:规格大小不一,器型相仿,矮径直沿,鼓状腹,高圈足,内壁满釉,外壁施半釉不及底,胎骨薄,釉面有平行擦痕与泪状痕,口径7.5~8.5厘米,高6.5~10厘米。

黑釉器物瓷片少许,瓷片破碎,很难识别器型,器壁平滑,色泽润亮,胎骨薄而纯细,呈白灰色。

窑具可分二式。

Ⅰ式:匣钵,呈圆筒状,直壁,胎质为夹砂粗泥,土黄色,无釉,轮制,口径20厘米,高25厘米,厚3厘米。

Ⅱ式:匣钵盖(底),锅底形,敞口斜壁胎质与Ⅰ式相同,粗泥,轮制,口径20厘米,高12厘米。

丰源窑址是一处青釉瓷窑址,历史上没有文献记载,只在当地留下了一段正德皇帝巡视江南,途经此地制瓷的传说。从窑址遗物的造型和装饰手法来分析,该窑址始于元代,终于明代,故为元明瓷窑遗址。此窑址为研究景德镇市元、明时期的制瓷业与社会历史面貌提供了珍贵的史料。1988年,丰源古瓷窑址被公布为景德镇市级文物保护单位。

六、闵口古瓷窑址

闵口古瓷窑址位于乐平市涌山镇北3千米许，离景德镇市15千米，距乐平城区33千米。此地古为浮乐通衢，历代都有市面，故有“闵口街”之称。1982年，景德镇市博物馆在文物普查中发现，坐落于涌山河东岸的闵口村，村后“五幢庙山”即为窑址所在地，面积18000平方米，坡面平缓，林木茂密，山南麓因修筑公路被挖掘，断面上可见遗物堆积层，厚处可达1.5米。

窑址未经发掘，从拣选的部分遗物标本来看，器物以碗、盘、碟、盏为大宗，其中以碗最多，都是青白瓷，胎质洁白，纯细。

碗可分六式。

Ⅰ式：敞口，唇外卷，直壁，鼓腹，高圈足，内外满釉及底，釉薄处泛白，积釉处带水绿色，光泽度强，胎薄而纯细，器内底宽而微外凸，圈底有垫饼痕迹，高9厘米，口径15厘米，底径6.5厘米。

Ⅱ式：敞口，唇外卷，弧腹，中圈足，内外壁满釉及底，内底平釉面开细冰裂纹。圈底有垫饼痕迹，高7.5厘米，口径14.5厘米，底径7厘米。

Ⅲ式：敞口，沿外侈，斜壁、高圈足、倒置呈“斗笠形”，足小，体型小，胎薄，器壁平滑，釉面开细冰裂纹，圈底有垫饼痕迹，器型有大小之异。大者，高5厘米、口径9厘米、底径3.2厘米；小者，高4.3厘米，口径3厘米，底径3厘米。

Ⅳ式：直唇，口微内敛，弧腹，内外壁满釉及底，釉色润亮，开细冰裂纹，胎极薄，纯细，低圈足，体型小，圈底有垫饼痕迹，高4.3厘米，口径9厘米，底径3.5厘米。

Ⅴ式：敞口，直沿、斜壁、内外壁满釉及底，釉面开细冰裂纹，低圈足，

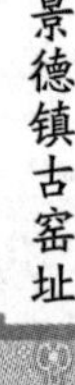

圈底有垫饼痕迹，高 8 厘米，口径 13 厘米，底径 6 厘米。

Ⅵ式：敞口，唇外卷，鼓腹、高圈足，足外撇，呈喇叭状，内外壁满釉及底，釉面开细冰裂纹，胎薄，圈底有垫饼痕迹，高 8 厘米，口径 13 厘米，底径 6. 2 厘米。

碟可分二式。

Ⅰ式：敞口，直沿、浅弧壁，胎极薄，小圈足，釉内略呈豆青色，开细冰裂纹，圈沿有垫饼痕迹，高 3. 5 厘米，口径 10. 5 厘米，底径 3 厘米。

Ⅱ式：敞口，直沿、浅弧壁，无足，底部微内凹，凹处有垫饼痕迹，胎极薄，纯细，内外壁釉及底，釉色极光亮，釉内有小气泡，高 1. 8 厘米，口径 3. 5 厘米。

高足盏：敞口，弧壁，高圈足，底宽而平，内底沿折，釉面开细冰裂纹，圈底有垫饼痕迹，口径约 9 厘米，足高 3 厘米，足径 5 厘米。

窑具包括匣钵和垫饼。

匣钵：用黏土，细沙混合烧成，内壁斜，呈锅形，外壁上半部为厚直沿，下半部骤折而收成小平底，上重下轻，器型大小因装烧的器物而异。

垫饼：用黏土烧成，部分混合有细砂，有环形，亦有圆形，规格大小因器物而异，烧造时，一般嵌入圈底故小于圈足。

此窑器皿系采用单体装匣钵的仰烧法装烧，瓷片上均不见任何纹饰，具有明显的宋代早期青白瓷特征，应属宋代青白瓷窑址。此外，在当地还流传着一段宋徽宗下令烧造御床的故事传说。这一窑址为研究景德镇市宋代制瓷业提供了资料。

七、坎上匣厂古瓷窑址

匣厂窑址位于乐平市城东郊约 4 千米的坎上乡匣厂村，村后岗峦起伏，乐安江自东而西流经村前，窑址就位于乐安江南岸的冲积平原上，隔河与华家窑对望。据当地群众说，该地名之所以为匣厂，即因当年主要生产为烧窑制匣钵之地，供应对岸华家瓷窑之窑具。当年窑场即分布于乐安江南岸杨家村与匣厂村之间约300米的条形地区内，匣钵堆积较多，瓷片遗存较少，据调查由几年前在平整耕地时发现有数座圆形窑址。从遗物的造型特征与釉色来观察，当属华家窑的产品，1983年公布为市级文物保护单位。

附 录

景德镇老城区古窑房一览表

（据市政协文史资料整理）

序号	窑名	坐落地点	业主姓名
1	金家窑	刘家上弄西段北侧，今窑炉建筑公司宿舍	金光柳（波阳）
2	新鸡头窑	刘家上弄，紧靠金家窑东侧	杨义泰
3	老鸡头窑	刘家上弄东段，紧靠傅家窑	袁德托
4	龙赣窑	刘家上弄，老鸡头窑对面东北侧	刘经荣
5	傅家窑（炼珍窑）	刘家上弄紧靠老鸡头窑东南侧	段祥池
6	新冯家窑	刘家上弄靠近狮子上横弄	冯作泰
7	如意窑	刘家上弄，今景兴瓷厂煤窑处	
8	曹家窑	刘家上弄口南侧，抗日战争时拆除	
9	斯奉窑	刘家下弄与狮子弄交会处	冯斯奉
10	通明窑	狮子上弄，今红光瓷厂宿舍	刘世成
11	鼎祥窑	狮子上弄，紧靠友爱明窑南侧	刘经荣
12	新启发窑	狮子上弄南侧，紧靠榜眼坦窑	黄世堂
13	老启发窑	狮子上弄，今红光瓷厂工会俱乐部	冯其仁
14	用正窑	狮子上横弄，今红星瓷厂宿舍	余用正
15	榜眼坦窑	大花园上横弄北侧，今红光瓷厂仓库	刘万安
16	青山窑（炮打咯窑）	大花园下横弄，今人民商场	陈青山

续表

序号	窑名	坐落地点	业主姓名
17	隆忠窑	大花园下弄,后门通狮子下弄	冯益泰
18	袁家窑	大花园下弄,青山窑西南侧	袁世财
19	万安窑	鸽子弄,今红光瓷厂成型车间	刘万安
20	新沙墩窑	玉路弄,今红旗窑厂原料仓库	余昭长
21	老沙墩窑	吊脚楼,今红旗瓷厂成型车间	余昭益
22	南窑	玉路弄北侧,今红旗窑厂配电间	刘五占
23	北窑	千佛楼,今红旗瓷厂食堂	刘书桃
24	锦堂窑	千佛楼,今红旗瓷厂仓库	余昭长
25	孙家窑	吊脚楼,紧靠老沙墩窑南侧,今红旗瓷厂成型车间	向元狮
26	新五福窑	魏家弄口,今电瓷公司大门口	江　城
27	老五福窑	魏家弄口,新五福窑对门	江　城
28	香生窑	魏家弄口,新五福窑背后	江正义
29	宝成窑	魏家弄,靠老五福窑	杨家虎
30	胡义窑	关帝庙,今中华南路建新瓷厂大楼	于山虎（波阳）
31	斯义窑	陶玉庙,今建新瓷厂煤窑处	黄世熹
32	新方家塘窑	杨窑坞,今电瓷电器公司厂内	冯作桢
33	车鸡弄窑	东鸡北侧,今天红星瓷厂仓库	黄宝丰
34	新隆忠窑	绣球弄河边,抗日战争时拆除	余用珠
35	记生窑	陶王庙,今建新瓷厂成型车间北侧,抗日战争时被炸毁	
36	缘佳窑	积谷岭	欧阳绿河
37	蛮子窑（过街窑）	戴家上横弄,东向	冯作桢
38	下江家窑	戴家上横弄,蛮子窑对门	江有德

续表

序号	窑名	坐落地点	业主姓名
39	朱成兴窑	登科下弄中段	朱成兴
40	江全兴窑	登科下弄	江全兴
41	向义丰窑	登科下弄横弄	向元狮
42	刘宝丰窑	朱弄里河下，在程广盛窑下边	刘　胜
43	程广盛窑	朱弄里下弄	程印生
44	江雅兴窑（2座）	均在朱弄里下弄	江治学
45	欧阳荣发窑	朱弄里下弄	欧阳孔惠
46	龚正桃窑	阔弄里，现茶厂院内	龚正桃
47	陈玉兴窑	朱弄里下弄	陈修云（陈修栋租烧）
48	朱缺嘴窑	登科下横弄，向义丰窑对门	朱缺嘴
49	朱扬柳窑	小路园，现光明瓷厂靠中山路大门	朱扬柳
50	朱同兴窑	登科下弄	朱同兴
51	王美兴窑	油盐巷现供处内	王美兴
52	王美兴窑	1948 年建，未开烧	王美兴
53	李康盛窑	朱弄里下弄	李康盛

（注：后 15 座为槎窑）

景德镇老城区古窑房一览表

（2003年普查登记）

序号	窑名	坐落地点	业主姓名
1	天后宫窑	小强家弄，今景兴瓷厂仓库	冯承就
2	新砖头窑	大黄家上横弄	余会荣
3	老砖头窑	大黄家上横弄，今景肖瓷厂彩绘车间	
4	连环窑（莲花窑）	钟家上弄，吉安会馆后面	陈建华
5	三元窑	董家岭上弄，连环窑北后，抗日战争前拆除	
6	人民窑（人命窑）	董家岭上弄，与连环窑并列，抗日战争前拆除	
7	大有窑	董家岭上弄	余会荣
8	鸳鸯窑	董家岭上弄南侧	
9	樊家窑	塘旁沿	
10	王胖子窑	塘旁沿，今电视大学	欧阳裕发
11	芳日窑	小强家弄	黄芳日
12	新苦珠山窑	苦珠山东向	余舍水
13	老苦珠山窑	苦珠山，与新苦珠山窑并列	
14	牌楼里窑	牌头里	余用珠
15	左窑（双全窑）	金家弄，今东风瓷厂宿舍	陈庚昌
16	右窑（双全窑）	金家弄，今东风瓷厂宿舍	陈庚昌
17	角上窑	金家弄，靠近马家井，今东风瓷厂仓库	邵伦池
18	右溪窑	金家弄，左、右窑后面	邵同镜
19	六合窑	解放路，今三济楼粮店	刘卿素
20	大井头窑	大井头，与六合窑并列	冯承就
21	桥得脑窑	艺术瓷厂仓库，今十八桥菜市场	余忠富

续表

序号	窑名	坐落地点	业主姓名
22	向家窑	上陈家弄南侧,桥得脑窑对门	余韬贞
23	项家窑	上陈家弄,靠近向家窑	冯祖楂
24	圈里窑	大井头口	
25	烟头下窑	抚州会馆南侧,今七小厕所边	陈庚昌
26	美思窑	毕家坦	余略双
27	洋器窑	毕家坦,靠近美思窑	
28	罗家窑	苏家弄,今工艺美术服务公司	余昭华
29	土地岭窑	土地岭,罗家窑背后	
30	新木匠窑	苏家畈 56 号	梁美兴(临用)
31	老木匠窑	苏家畈 56 号	余韬柏
32	蛤蟆窑	猪婆山岭	欧阳生发
33	观音岭窑	观音岭,老坑里窑后面	冯曹氏
34	新坑里窑	犁头嘴,今艺术瓷厂仓库	邵福如
35	老坑里窑	犁头嘴,新坑里窑对门,今艺术瓷厂宿舍	
36	椿树弄窑	大椿树弄	
37	江家窑	椿树弄	王家琨
38	新磨鹰窑	广益弄,今红卫瓷厂	余旺青
39	老磨鹰窑	五龙桥,今红卫瓷厂	余旺青
40	蚌壳窑	双栅门	欧阳学槐
41	风车弄窑		冯兴来
42	新罗汉肚窑	罗汉肚,今建国瓷厂新厂房	赖淮安(宜黄)
43	老罗汉肚窑	罗汉肚,今建国瓷厂新厂房	剿克谦
44	电灯背窑	罗汉肚,今建国瓷厂行政大楼后面	万仁记(南昌)
45	樟树下窑	罗汉肚,老罗汉肚窑后面	余旺青
46	道风窑	罗汉肚,紧靠老罗汉肚窑	冯道风
47	新坦家窑	胜利路,今建国瓷厂行政大楼	余利生
48	老坦家窑	胜利路,今房管宿舍	巢克谦、邵裕如
49	许家弄窑	许家弄	余豪庭

续表

序号	窑名	坐落地点	业主姓名
50	龙缸弄窑	龙缸弄	巢克谦
51	筷子弄窑	筷子弄,今新华瓷厂成型车间	余略元
52	健班窑 (欠扳窑)	迎祥弄,今市公安分局后面	王光神
53	菩萨窑	江家坞	余昆谋
54	宗仁窑	薛家坞,今人民瓷厂油窑处	冯家仁
55	大毛窑	薛家坞,今人民瓷厂煤窑处	吴大毛
56	凤山窑 (芒槌窑)	薛家坞岭上	冯道凤
57	新龚家窑	风景路,今人民瓷厂宿舍	赖淮安(宜黄)
58	老龚家窑	风景路,抗日战争前折除	王家琨
59	施家窑	风景路,龚家窑东侧,抗日战争前折除	吴简庭(波阳)
60	朱成兴窑	登科下弄	朱成兴
61	江全兴窑	登科下弄	江全兴
62	向义丰窑	登科下弄横弄	向元狮
63	刘宝丰窑	朱弄里河下,在程广盛窑下边	刘　胜
64	程广盛窑	朱弄里下弄	程印生
65	江雅兴窑 (2座)	均在朱弄里下弄	江治学
66	欧阳荣发窑	朱弄里下弄	欧阳孔惠
67	龚正桃窑	阔弄里,现茶厂院内	龚正桃
68	陈玉兴窑	朱弄里下弄	陈修云 (陈修栋租烧)
69	朱缺嘴窑	登科下横弄,向义丰窑对门	朱缺嘴
70	朱扬柳窑	小路园,现光明瓷厂靠中山路大门	朱扬柳
71	朱同兴窑	登科下弄	朱同兴
72	王美兴窑	油盐巷现供处内	王美兴
73	王美兴窑	1948年建,未开烧	王美兴
74	李康盛窑	朱弄里下弄	李康盛

景德镇仿古窑炉

一、清代镇窑

镇窑为景德镇清代广泛使用的烧瓷窑炉，现存的镇窑始建于清代康熙初年，1980 年由景德镇老城区窑里弄天后宫迁建于昌江区枫树山蟠龙岗，坐落在一个以陶瓷文化旅游为主题的 AAAAA 级景区（古窑民俗博览区）内。按照天后宫原型布局重新组合的这座镇窑，是景德镇当时最大的一座传统 300 担蛋形柴窑。2009 年 10 月，经国家文物局批准，该镇窑复烧成功。吉尼斯英国总部全球认证官在央视《正大综艺》栏目的聚焦下，宣布这座窑是“迄今为止最古老、体积最大、烧瓷最多的瓷器柴窑”。2000 年 7 月，该窑被公布为省级重点文物保护单位，2013 年 3 月 5 日，被公布为全国重点文物保护单位。目前，天后宫窑已经被文化部列入推荐申报世界非物质文化遗产的名录中。

图 5－1　古窑景区镇窑窑房外景

镇窑窑房是景德镇清代典型的烧瓷窑房结构。为穿过式木构架建筑,窑炉位置约占窑房1/4的面积,除去窑炉所占空间,其余为两层结构。底层为装匣、开窑之用。二层柴楼主要用来储备松柴。窑炉炉顶呈拱形,采用窑砖做无模砌筑的蛋壳结构,与中国全砖结构的无梁殿收顶工艺有异曲同工之处。窑的烧成室呈一头大一头小的长椭圆形,窑炉长18米,最大宽度约5米,体积近300立方米。窑炉门高2.4米,拱形,外沿呈八字状。高达21米的烟囱用单砖砌成。这种窑火焰长而灰分少,且不含有害物体,适宜烧还原焰,对于白瓷、青花瓷、颜色釉等的釉面呈色效果良好。窑炉按照各部位火焰流动及温度分布情况,可以分别装烧高、中、低温度的瓷坯。在窑炉烟道部位,利用余热的低温,可烧造窑砖。砌窑和烧造技艺向来被视为绝活。“挛窑”是景德镇瓷业的俗语,指砌窑和补窑,这是一门传统窑炉营造的技艺。数百年来,这门技艺为都昌余姓人专营,历来传男不传女。随着时代的变迁,窑炉结构和燃料的改变,传统柴窑数量急剧减少,掌握“挛窑”技艺的传人多已相继故去。如今,“挛窑”技艺成为国家级非物质文化遗产。

镇窑修复采用特制的挛窑泥和窑砖,挛窑泥必须取自田泥,即水田表层下面的泥土。制窑砖的原料为黏性好、耐火度高的山土,主要有黄土、红土、砂土3种。黄土黏性好、耐火度高,红土能耐火,砂土主要起骨架作用,然后经过踩练、成型、晾晒、烧炼等工序制成。

挛窑的步骤先是摆窑墙脚,接着是砌内胆窑墙,再修脚棚,达到规定高度后开始卷窑棚,卷窑棚用的条子砖两端大小不一,边卷窑棚要边砸棚砖(青砖),堆砌的青砖起加固的作用,施工时,人便可以踩在窑棚上,重压对窑棚也起到了加固的作用。窑棚做好后,要在窑室内壁抹上一层塘窑泥(匣钵土),起密封保护的作用,烘炉后土质烧结,窑炉也就耐用。窑炉上端留有排气孔和看火孔,供把桩师傅观看燃烧室的火焰。

柴窑的烧造火候,全靠有经验的师傅来掌控,景德镇人称之为把桩师傅。镇窑需要长达20多个小时不间断地加窑柴烧造,并用两天时间将窑温降下来。其间,窑工严格按照清代柴窑烧造的模式作业,在没有任何现代化仪器监测的情况下,全凭肉眼观测窑膛温度,掌控火候。在长期的实践中,把桩师傅练就了非常绝妙的"吐痰测温法",即通过观火孔,吐一口痰水下去,以其瞬间的变化来判断窑内的温度。把桩师傅是镇窑烧造瓷器的关键性人物。一个好的把桩师傅要经过长期的培养,"三年一个状元,十年一个把桩"是景德镇自古流传下来的一句行话,足见把桩师傅的培养是多么不容易。现在,景德镇能够掌握看窑火的把桩师傅已经是凤毛麟角了,仅有的几个人都是国家级非物质文化遗产传承人。

窑房为木质构架,主柱及架梁选用质地坚硬、经久耐磨的松、楮等普通杂木。梁柱构件的制作,对躯干的自然弯曲不做任何修整,只是砍去枝杈、刮去树皮,再凿制榫卯装配。窑房二层用于放窑柴,按一窑次七百担松树窑柴计算,常年能贮存三至四窑次的松柴,平均每平方米的日常负荷达一吨以上。窑门前的楼面设有闸口,贮存在楼层的松柴可通过闸口直接滑落到窑炉门前,减少了搬运燃料的时间和劳力。中部屋顶局部升高约1米,有利于散热和通风。窑炉附近的楼层设置了洗浴间、账房、休息间,给窑炉工人及管理人员提供了较好的条件。

窑的附近保存着景德镇自明代以来延续使用了数百年的瓷器成型作坊建筑。这些明式作坊遗存,直观地展现了景德镇古代手工制瓷作坊的全貌。瓷器成型作坊为封闭式三合院或四合院布局,房屋向内院敞开。每组明式作坊,均以一栋正间为主,配以廒间和坯屋。正间一般面南,为制坯、修坯、釉下彩绘、施釉等制瓷工序的操作场所。正间十至十二开间,每一开间，面阔 2～3 米不等，进深 5～6 米不等，除部分贮藏间或住房（楼层），各开间不做任何隔断，由东向西依工序流程安排成型、修坯、釉下彩绘、施釉等一系列半成品操作设施，形成早期制瓷的“一条龙”生产流水线。明代宋应星在《天工开物》中描述：“共计一坯工力，过手七十二，方克成器。其中细微节目尚不能尽也。”景德镇制瓷生产工序从坯坊正间的生产设施安置中可以得到部分证实。坯屋一般面西，用作揉泥和陈腐泥料。各建筑之间的场院中间开凿一至二列水池，俗称“晒架塘”，是淘洗瓷土的场所。晒架塘上部置活动木架，俗称“晒架”，可搁置坯板晒坯。

明式作坊的构架，为穿过式三架梁，前后视进深需要加置单步梁，梁架间无任何装饰构件。正间出檐深，达 1.4 米以上，形成檐下走廊。平面标高不等，正间檐口内侧比场院下凹 0.5 米，檐下走廊比场院则高出 0.3 米。这种构造既可阻止场院流水向正间内部渗入，又保持了走廊本身的干燥，还可以在高台式走廊上将瓷坯轻而易举地放在梁架上干燥。其厂房设计简易、周密、巧妙、实用，是明代成型作坊的代表建筑。

二、明代葫芦窑

瓷业发展进步中一个重要的环节就是烧造工艺的进步。宋、元时期，景德镇瓷器烧造使用的是龙窑和馒头窑，并且龙窑的形制由长而斜向短而陡发展，并最终被馒头窑取代。而在明朝，葫芦窑成为景德镇瓷器烧造的主要窑炉，前后使用了近 300 年，它兼备了龙窑和馒头窑的优点，在烧成技艺上有了长足的进步。

葫芦窑由前后两窑组成，因前短后长形似葫芦而得名。葫芦窑前端设窑门和火膛，后室尾部建一独立的烟囱，窑顶两侧各设有六对投柴孔。整个窑底前低后高，坡度约为 100°，在一定的程度上保留了龙窑的遗风。

宋应星《天工开物》记载，景德镇葫芦窑“似卧地葫芦”，窑顶有12个圆眼，烧窑时先将窑柴投入前室火膛，烧20个小时左右，然后将窑柴从投柴孔中投入窑内，续烧4个小时左右，整个制作过程“过手七十二，方克成器。”在御窑厂北麓的考古发掘中，考古队竟发现了六七个葫芦窑，可见景德镇明代葫芦窑的使用规模。

在考古研究对比测量数据时，发现了一个奇怪的现象：这些窑址的后室有长有短，大小不一，这是为什么呢？通过对各窑周围出土后修复瓷器的比对，专家们终于破解了这个秘密。原来，葫芦窑后室长短与它的热能利用息息相关。皇宫定制的瓷器器型有大有小，导致瓷坯薄厚不一，它们所需的升温速度也不相同。大的器物成瓷较慢，一般采用后室长的葫芦窑，这样能够充分利用窑内热能；反之，烧造小器物的葫芦窑后室较短。

为了提高烧成率，明代御窑厂工匠们根据所烧器物大小来量身定制葫芦窑，不同的瓷器要在不同尺寸的窑中烧造。不难想象，当时的景德镇布满了不同形制的葫芦窑，以满足各种不同规格瓷器的烧造需求。专家们认为，不能同时烧造不同规格的瓷器，或许是葫芦窑最终销声匿迹的原因之一。

2010年6月18日，一座承载着人们梦想的明代“葫芦窑”终于破土动工。复建葫芦窑的第一步就是要建窑房。窑房不仅可以保护窑体不受风雨侵蚀，同时还可以保证在任何天气下烧窑作业都能顺利进行。

景德镇历代窑炉的砌筑和烧造，都有着一整套异常严格、繁复的工艺，这种古老的工艺，本身就是国宝级的非物质文化遗产。而目前，挛窑匠师仅有古窑瓷厂的余云山、余和柱两人，而且他们也只是对建造镇窑经验丰富，建造葫芦窑也是平生第一次。和清代镇窑不同，葫芦窑中间有一个收口，把窑体分成了前后两个空间。窑体从什么地方开始弯曲？弯曲度多大？拱顶多高？一切有关葫芦窑的数据都没有记载。

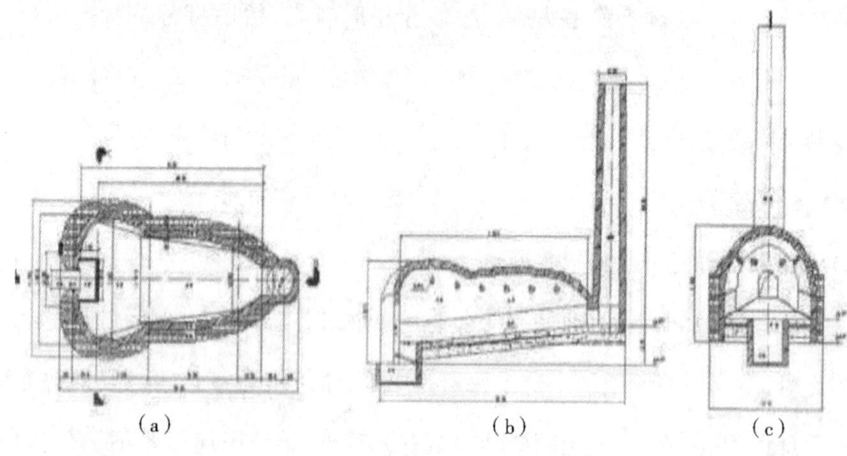

图 5－2　复建葫芦窑设计示意图

由挛窑师傅和把桩师傅胡家旺等组成的复烧团队，仔细研究御窑厂等处的葫芦窑遗址，仔细推敲着收口的角度和未来烧造时火焰流动的方向，凭借以往镇窑的烧造经验，最终完成了窑内工程设计。没有使用任何现代科技材料，也不用任何支撑架，挛窑师傅就这样把窑砖一圈圈砌起来，就形成了完美的弧线，而且还可以保证高温下不会变形坍塌。建成的葫芦窑窑长 9.2 米，最高点达 2.95 米，最宽处 3.48 米，烟囱高 9.2 米。成为景德镇古窑民俗博览区历代窑炉的重要组成部分。

三、元代馒头窑

2011 年 10 月，景德镇古窑民俗博览区复烧元代馒头窑，消失了 800 年的元代馒头窑再度燃起窑火。复烧品种包括元青花大罐、高温釉里红等典型元朝瓷器，重现“元青花”与元釉里红瓷的惊世魅力。经过 30 个小时的烧造，10 月 24 日开窑验证复烧成功。

馒头窑也称马蹄窑，是中国北方流行的一种窑炉，窑顶呈半球形，外形因像我国北方人日常食用的馒头而得名。馒头窑最早出现在西周晚期，东汉时技术成熟，是北方的主流窑炉，著名的汝窑、钧窑、定窑均属于馒头窑。其烧成温度能够达到1200℃以上，而当时中国南方制瓷普遍使用龙窑，它的烧成温度在1100℃～1200℃。

馒头窑是景德镇制瓷史上一个重要的发展阶段，帮助景德镇陶瓷进入第一个空前繁盛时期。这种窑炉烧造技术属于半倒焰式或者全倒焰式窑炉。在点火后，火焰自火膛先喷至窑顶，再倒向窑底，流经坯体。馒头窑内部空间巨大，大碗窑一次可烧成6万件碗制品，大缸窑一次可烧成各类缸数百件。因为窑墙比较厚，瓷坯不会快速受热和冷却，相应地便减低了瓷器的半透明度和白度，这也是元代景德镇瓷器的典型特征。和唐宋时期的景德镇龙窑相比，馒头窑在烧造技术上有巨大的进步。

为复原元代孪窑与烧瓷技术，复制享誉世界的"元青花"和元釉里红瓷，景德镇多位窑炉与制瓷专家以元代历史记载为参照，本着修旧如旧的原则，在景德镇古窑民俗博览区复原重建元代馒头窑。

复建的馒头窑高2.6米，宽2.8米，进深2.6米，烟囱高9.2米。馒头窑设窑门一个，供装坯、开窑使用，烧造时则须将窑门封闭，留出火口供添加燃料。旁侧有苕井，供掏煤渣及通风透火使用，后面设两个烟囱将烟排出。窑炉内部前有火膛供烧柴加热升温，用作摆放与烧成产品处叫牙台，牙台呈前高后低状。窑内后壁下部两端有两个巨大的吸焰孔。窑顶的透火孔称作天眼，窑顶底部周围有5～6个麻眼，用于烧造中调节焰气与观察火情。窑内均采用手工特制耐火砖砌筑。站在窑内观看，窑内牙台（亦称产品室）略呈方形，而窑顶浑然为圆球形，令人联想到中国人"天圆地方"的宇宙观。

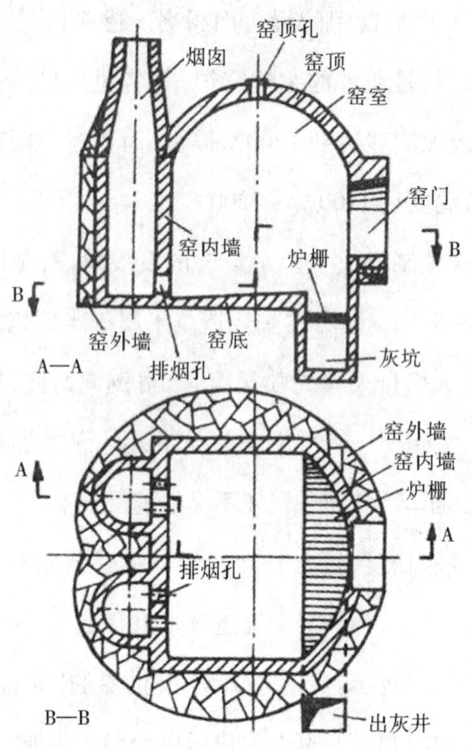

图 5-3　馒头窑结构示意图

在陶瓷生产工艺中，窑炉的烧成技术发挥着重要作用。由于烧成过程中有许多偶然与不确定因素，满窑后，装瓷器的匣钵之间留出空间，作为火焰的通道，影响着窑内不同部位的火温变化，具有一定的不确定性。因此在陶瓷行业就有了“三分成形，七分烧成”“三分人做，七分天成”“或生在成形，死在烧成”等说法，体现了人们对窑作行业的一种敬畏感。

四、徐家窑及作坊群

2016 年 11 月，徐家窑停烧 38 年后，在其原址上成功完成复建工程，这是景德镇保留最古老、最完整、最大的柴窑。11 月 8 日，徐家窑举办复烧仪式，经过窑工宣读祭文、向火神敬香的程序后点火开烧。11 月 12 日开窑,瓷器烧出来的效果非常好,优质品率很高。徐家柴窑复建复烧总指挥余喜来激动地说:“成功了,成功了。”73 岁的把桩师傅胡家旺也难掩喜色,说:“这窑这批烧造的瓷器达数千件,师傅们入窑码放就花了 7 天时间,取出瓷器又要花 3 天,终于成功了。”

据史料记载,清代都昌籍窑户秦邑山有一座窑叫邑山窑(临风景路),因烧造瓷器质量好,窑位供不应求。秦邑山就在旁边再建一座柴窑,称新邑山窑。传说邑山后人嫁女时,将这座新邑山窑作为嫁妆陪出,改名徐家窑。300 年过去了,徐家窑一直烧造红火,虽然多次易主,但一直保持着徐家窑的名字。中华人民共和国成立后,徐家窑成为景德镇建国瓷厂的骨干生产窑炉,烧造的青花、颜色釉、陈设艺术瓷质量好,多次承担烧造国家礼品瓷的任务。

2013 年,徐家窑及其周边 8 座明清传统坯房,作为一个完整瓷业窑作体系,被列入国家陶瓷非物质文化遗产保护项目。2014 年,景德镇正式启动徐家窑的复建复烧工程,复建工作在国家文物专家的指导下,在徐家窑原址完全遵照原来的形状、工艺进行恢复。数十名曾经烧过徐家窑的建国瓷厂老窑工参与,他们曾经都是柴窑的把桩师傅,平均年龄在 70 岁以上。复建完工的徐家窑房,保留了典型明代窑房的建筑风格,建筑面积达 1892.5 平方米。窑房用大于 30 厘米直径的弯曲杂木做窑屋立柱,共 108 根,屋柱之间是穿斗框架二层结构,屋柱下垫有一尺多宽的方形或柱形的石墩,屋面为人字形,盖小青瓦(也叫土瓦),四五分水路,分三批排雨水。第二层存放松柴,周围用 7 厘米左右宽的杉木条或杂木围成排气窗。西侧窑室对口有一落眼与落夹子(丢松柴口)。整个窑屋为木结构,看上去就像一片无枝叶的森林,交错有序,气势壮观;外围是用窑砖头与黄泥砌成的护墙,护墙厚 0.5 米,高 3 米多;护墙南面有窗户十扇及两扇门。

图 5－4　徐家窑窑房内景

窑房的梁柱采用楮树，立柱一般不求树干笔直，但要粗大。先把树砍倒，不剔枝叶放一个伏天，待树干透后搬运到河边，通过水路运到镇上。

徐家窑的窑体（含窑门、窑畔、窑室、烟囱），建筑面积占地 215.25 平方米，为长方体，用砖与黄泥砌成；窑门处窑屋中间，宽 60 厘米，呈八字形向西开；窑畔起保温、固护窑室等作用；窑畔内砌有鸭蛋形窑室、烟囱。窑室内长 17.36 米，内径最宽处 4.25 米，可容纳 300 多担坯。烟囱处窑屋东边，高 15.6 米冲出窑屋顶，顶部如钢笔尖。窑畔的北侧有水井（口径 0.6 米）、储水窖、阶梯；南侧有木板梯，宽 2 米，方便挑担上下。南侧与西侧是空间较大的装坯间。

瓷器是“三分做，七分烧”，一窑瓷器价值不菲，烧得好坏全仗窑工操作。要烧好一窑瓷器，业内有“一满二烧三歇火”的说法，即窑内匣钵摆放得当，才能保障温度烧得均匀，满足不同瓷器对温度的要求；控制烧造时间长短和火温高低；判定歇火停烧的时间。

烧窑是技术性非常高的工种。窑工是一个团队，一般有驼坯工、架杪工、小伕手、三伕半工各 1 人，一伕半工、收兜脚工 2 人，二伕半工 4 至 5 人，以及管事、杂工等若干，他们在把桩师傅的指挥下，各司其职，协调工作。把桩师傅负责全柴窑技术操作，包括设定窑位，检查满窑质量，烧窑掌握熄火（刹槽口）时间。一个好的把桩师傅可以同时为几座窑的把桩。把桩师傅的报酬是以烧窑的次数计发的，其年收入一般可以超过一个中等规模器行老板的年收入。自古以来，对把桩师傅的要求很高，要文功、武功、靠山俱全，文功即有经验、懂技术，武功即要有好的体力，靠山即门派，遇到问题可以请师傅帮忙，出了事故有人帮助分析、摆平。

图 5－5　徐家窑窑炉口和坯房

与徐家窑相邻的是坯房，是瓷器烧造上一道工序的制作场所。坯房建筑是木屋柱穿斗结构，分为正间、廒间和泥房三座单体建筑，呈庭院式布局，院内有晒架塘，供储水、掏泥、晒坯之用，是瓷业成型的专用建筑。

其中,正间为成型场所,廒间存放原料、泥房及附属设施,泥房在廒间西侧,向正间伸展相接,是泥料陈腐和精制之处。中部为矩形庭院有晒架塘,各间均向内院敞开,四周砌围墙,构成一个封闭式的四合院形式。坯房的走廊宽1.6米,用窑砖砌成,中间稍凸,高出室内与晒架塘0.3米。坯房分为两类:一是圆器坯房,二是琢器坯房。

徐家窑是景德镇保存的最大的一座鸭蛋形柴窑,在其周边多个瓷器坯坊生产,才能满足其烧造要求。1949年以后,这些坯坊均转入市建国瓷厂经营,继续为徐家窑烧造提供瓷坯。其中,著名的坯坊如下:

大件手工作坊:始建于清末,建筑面积478.3平方米,窑砖黄泥砌的护墙,杉木柱穿斗式屋架,坯房西向,大门朝南,有正间坯房10间朝南,有廒间房、冷坯间、烧水间和阁楼,晒架塘4口,管理用房2层,系典型明清坯房风格。1935年由抚州籍官某、高安籍章某和刘某合伙修建经营,冠"三义顺"商号。一年后,官某退出,章炳锡、刘能珍继续经营,生产"呙三太"。1948年,刘能珍之子刘国亮与章炳锡养女李月英结婚,继承该作坊,生产罗汉汤碗、镇德汤碗等产品。

1949年以后,作坊在公私合营中归建国瓷厂,夫妻二人双双进入建国瓷厂工作。坯房仍保持生产,可容纳"四双草鞋"(行业计量单位),有20多位主要技术员工,月生产量12伕(行业计量单位)坯,瓷坯经在邑山窑、徐家窑烧成瓷器。品种有双万件花瓶、釉里红、青花、青花釉里红、单色釉瓷器等高档礼器瓷器及高级宾馆用瓷等。如1960年为人民大会堂江西厅制作双万件花釉缸;1986年10月300件郎红瓶被赠送给朝鲜领导人金正日;1978年至1993年制作的颜色釉、青花瓷瓶,7次作为国家礼品瓷赠送给外国政要。

图5－6　装烧大件瓷器的匣钵

琢器手工作坊：始建于清末，面积362.6平方米，窑砖、黄泥砌成护墙，杉木柱穿斗式屋架，有正间朝南坯房9间、廒间房、冷坯间、烧水间和阁楼2间，院内建有4口晒架塘、晒架等生产设施，系典型明清坯房风格。生产能力可容纳“四双草鞋”，生产圆器餐具，日产定额28板坯；生产80件以下花瓶、缸等品种，月生产量24伕。瓷坯在徐家窑、邑山窑火烧成瓷。产品有高级宾馆用瓷、国家礼品瓷，如《花好月圆》系列作品被作为国家礼品赠送给前意大利参院议长科西加。

粉定钧红手工作坊：始建于清末，建筑面积436平方米。西向正坯房9间，有廒间房、冷坯间、烧水间和阁楼2间，廒间房设有踩泥间、存泥间和货间，院内建有水井1口、晒架塘2口，另有晒架等设施，系典型明清风格坯房。1949年归建国瓷厂管理，可容纳“四双草鞋”的生产，有十多位技术员工。圆器日产定额28板坯；琢器生产80至200件；各种瓶类、缸类、坛类等月生产量24伕。1978年,生产的青花挂紫瓷瓶被作为国家礼品瓷赠送给英国首相卡拉汉。

三阳开泰手工作坊:制作“三阳开泰”高温颜色釉瓷瓶名贵品种,1978年至1997年,邓小平等19位国家领导人51次以“三阳开泰”高温颜色釉瓷瓶作为国家礼品瓷,赠送给外国政要。1981年1月,80件三阳开泰作为国家礼品瓷赠送给泰国总理炳·廷素拉暖。建国瓷厂的职工可凭结婚证买三阳开泰80件一只或50件的一对。

粉定注浆手工作坊:民国以前冯庭生之妻的嫁妆,商号“冯利盛”,主要生产倒浆品种,如奶盅、玉兰壶等。

图5-7 徐家窑制坯作坊

注浆手工作坊:清末,徐荣标坯房。巢宗礼(都昌人)在这里打长工,后担任都昌会馆的副会长。巢宗礼以1450块银圆,买下这幢坯房,生产日用瓷为主,如渣头碗、盘子等,商号“巢余泰”。后传儿子巢克鸿至

1949年。

针匙手工作坊:原名王氏作坊,仿明末制瓷坯房建筑结构,主要生产壶类琢器,如茶壶、酒壶、油壶等。

徐家窑及明清窑作群是景德镇制瓷业发展的产物,传承着厚重的陶瓷历史文化信息。徐家柴窑及其周边窑业体系建筑,既是景德镇制瓷业进入手工业工场时代的历史见证,又是我国古代陶瓷工业建筑典范,具有很高的历史价值。虽然历尽千年的历史沧桑,但其木构架与建筑布局以及传承工艺至今仍保存较好,尤其是窑屋、窑体、坯房、晒架塘、辘轳车具有很强的原真性和观赏性,在瓷都景德镇不多见,堪称景德镇古代陶瓷工业建筑遗存中的典范。

五、天宝龙窑

天宝现属浮梁县鹅湖镇辖。这里四面环山,盆地内地势平坦。据传,唐代黄巢起义时,两次由婺源途经此地,俯瞰盆地,见上空云雾弥漫,宛如水塘,便誉之天之宝塘,后人称天宝堂,简称天宝。自古天宝盛产水稻,产量高,品质好,在南安坦(今湘湖)米市上赢得"金天宝"的称誉。有赞天宝诗云:"绿水眼前过,群山目中行。良田千顷香,盆地万物生。"

天宝乡有独特的制陶黏土,因此本地村民很早就有制作陶器的习惯。1974年,原天宝乡政府为了开发当地资源,在柳溪村建起天宝陶器厂,迁修了一条龙窑,窑长64米、宽6米、高约2.5米,并从江苏省南通邀请来把桩师傅金跃安负责制陶。20世纪80年代,天宝陶器厂一年要烧上八至十窑,都是老百姓常用的陶瓦片、陶罐,特别是农民家里用来储水、储粮、酿酒的大缸很受欢迎。到20世纪90年代中后期,随着人们生活水平的不断改善,自来水到户以及铁皮粮仓的推广,各种生产、生活所用的陶器需求变少，天宝龙窑也慢慢停烧，但窑体一直保护完好。

天宝龙窑沿山坡而建，呈大于30°的斜坡，头南尾北长约50米，窑身内壁以耐火砖砌成拱形，它的烧造原理是让火自下而上燃烧，下部在高温烧造时，上部利用余热烘烤升温。窑尾还在烧造时，窑头已可以出窑了，出空的窑位又放入新的泥坯，利用余热进行烘干加热。龙窑烧造容量大，效率高，非常节能，特别适合烧造体积大的陶缸和数量多的陶瓦等。窑身左右设投柴孔（俗称鳞眼洞）42对，是投放燃料和观察火焰温度的窗口。西侧设装窑用的壶口（窑门），是窑工进出取放陶制品的通道，窑身上方建有窑棚，上覆以木质梁架及小板瓦。燃料主要为煤、松、竹枝等，烧成温度在1150℃左右，所谓千度成陶。

四十多年过去了，当地为了对非物质文化遗产进行传承和保护，决定复烧龙窑。已经是古稀之年的金师傅操起过去的手艺，开始手工练泥制陶，经过成型、利坯、晾晒、上釉等工序，制成了大陶缸、陶罐以及陶瓷雕塑作品。2014年9月26日，准备了一个多月的陶器泥坯开始装入龙窑。28日凌晨，金师傅带领他的传承人和学生举行祭拜仪式后，对龙窑进行加热暖窑。早上6点，龙窑正式点火烧造，龙窑83个窑火口经过依次投柴燃烧，至晚上8点30分停烧。1200℃左右的窑火，从窑头烧到窑尾，历时18多个小时。10月1日，龙窑经闭火2天后开窑，搬出一件件烧成的陶罐、陶缸，烧造工作取得成功，圆满完成全套制陶工艺，真实再现了景德镇古陶瓷制作的全过程。

由于城市建设，生产方式改变等原因，以陶瓷生产为特色的景德镇地区原有的很多陶瓷生产遗址现已不复存在，这无疑是陶瓷历史文化保护过程中的一件憾事。天宝龙窑不仅完好保存至今，是景德镇唯一能够烧造的龙窑，见证了景德镇陶瓷百年来的生产方式，也是全国保存完好的龙窑之一。景德镇陶瓷大学把天宝龙窑厂作为教学实习基地,每年都有来自欧洲各国、日本、韩国及澳大利亚的陶瓷爱好者慕名前来参观、交流。天宝龙窑的历史虽不是很悠久,但其保留了古代龙窑的建窑技艺和烧造工艺,具有鲜明的地方特色和文化内涵,不仅对陶艺界专业人士有着极大的吸引力,而且是国内外旅游者热爱的旅游景点之一。其烧造场景、烧造技术、制陶工艺作为非物质文化遗产,在陶瓷历史文化中具有重要的意义。

参考文献

[1]食货·陶政·附考[G]//浮梁县志(清道光版).抄本.

[2]秦大树,刘静,江小民,等.景德镇早期窑业的探索——兰田窑发掘的主要收获[J].南方文物,2015(2).

[3]江凌,詹嘉.五代时期景德镇瓷业分布状况及特征[J].沧桑,2010(1).

[4]景德镇课题组.中国城市发展丛书·景德镇[M].北京:当代中国出版社,2011.

[5]宋燕辉.明代后期景德镇瓷业中资本主义萌芽的状态[J].南昌大学学报,2009(3).

[6]张得山.督陶官唐英[M].北京:中国社会出版社,2007.

[7]江西省文物考古研究所.景德镇湖田窑址:1988—1999 年考古发掘报告(全二册)[M].北京:文物出版社,2007.

[8]景德镇市地方志编纂委员会办公室.景德镇瓷业志[G].北京:方志出版社,2004.

[9]陈定荣.江西景德镇杨梅亭古瓷窑[J].东南文化,1992(2).

[10]刘新园.江西景德镇观音阁明代窑址发掘简报[J].文物,2009(12).

[11]林梅村.最后的辉煌·落马桥元青花[N].东方早报,2014 -

5－20.

[12]付雪如. 景德镇道塘里宋代窑址发掘简报[J]. 文物,2011(10).

[13]付雪如. 景德镇竟成铜锣山窑址发掘简报[J]. 文物,2007(5).

[14]戴仪辉. 江西景德镇丽阳瓷器山窑址发掘简报[J]. 文物,2007(3).

[15]戴仪辉. 景德镇丽阳蛇山五代窑址清理简报[J]. 文物,2009(12).

[16]张文江. 江西浮梁凤凰山宋代窑址发掘简报[J]. 文物,2009(12).

[17]陈定荣. 江西景德镇柳家湾古瓷窑[J]. 江西历史文物,1983(4).

[18]江建新. 景德镇窑业遗存考察述要[J]. 江西文物,1991(3).

[19]翁彦俊,江建新. 江西景德镇落马桥窑址宋元遗存发掘简报[J]. 文物,2017(5).

[20]张文江,饶华松. 江西乐平南窑窑址调查报告[J]. 中国国家博物馆馆刊,2013(10).

后　记

2018年3月，应景德镇市政协文史委主任向心丹的邀请，本人与文史委合作开展景德镇市文史、地情资料的挖掘整理工作，经研究确定《景德镇古窑址》这一课题。市政协副主席顾幸勇对该课题的调查方向与成果展示形式做了指示，并提出了要求。随后的3个月里，本人在原来收集整理《江西古窑》资料的基础上，利用周末户外登山、野营活动的方式，再次开展景德镇古窑址的资料收集工作，重点对分散在浮梁乡村的古窑址进行实地调查、拍摄图片，取得了大量的一手资料。编纂中，本人查阅《景德镇市文物志》《景德镇市瓷业志》《景德镇地名志》，引用了省、市考古部门各个时期的考古调查成果。6月底形成初稿后，得到了市政协主席黄康明的指导，进一步完善了《景德镇古窑址》的简述内容，对古窑址的变迁、古窑的形制变化、烧造工艺的发展等方面进行了介绍。

本书通过三种形式对景德镇古窑址进行介绍。一是以图片形式，对景德镇各处古瓷窑遗址的概貌、出土器物、窑房坯坊及其原料加工等情况进行展示；二是以简述的形式，对景德镇陶瓷窑炉的形制发展变化、地域分布迁移、烧造工艺进步进行浅论；三是按行政区划范围，对古窑址的现状、考古结论及所在村庄源流进行介绍。本书力图从多个角度为读者提供一扇了解景德镇古瓷窑发展史的窗口。

古窑址的野外调查工作，得到景德镇悠游户外俱乐部和景德镇赣鄱彩绸漂流俱乐部的支持。编纂期间，本人得到洪东亮、白光华、林景峰等老师的帮助。成稿后，送市考古所征求意见，得到所长江建新及李子嵬、李军强、刘龙等考古研究专家的指导、帮助。在此对帮助该书出版的各位领导和老师们表示感谢！书中难免有不足和谬误之处，敬请各位读者批评指正。

李景春

2018 年 8 月 28 日